阅读成就梦想……

Read to Achieve

THE LEAN ENTERPRISE

How
Corporations
Can
Innovate
Like
Startups

精益创业

打造大公司的创新殖民地

［美］ 特雷弗·欧文斯（Trevor Owens）
奥比·费尔南德斯（Obie Fernandez） ◎著　　梁赛玉◎译

中国人民大学出版社
· 北京 ·

企业内部的创新蓝图

　　全球正在兴起一波创业创新浪潮，特别是在中国这个具有无限市场潜力和发展前景的国家。李克强总理在 2015 年政府工作报告中提出"大众创业，万众创新"，紧接着政府又出台了一系列财税扶持政策。社会上各大天使投资及创业孵化器平台也纷纷加入进来，引领创客们在创业路上披荆斩棘。据统计，2015 年中国平均每天新成立 8 家互联网创业公司，新发生 11 起投资事件，而成熟的企业也在积极追求内部创新和创业。但在这股轰轰烈烈的浪潮中，绝大多数参与者最后都黯然收场。相关数据显示，中国大学生创业成功率仅为 2%~3%，而全球企业创新成功率仅为 5%。创业创新者的前景可谓是前路漫漫，困难重重。

　　我曾在大型国企、美国和新加坡的当地企业工作过多年，工作岗位也轮换了 20 多个，30 多年的跨国及跨部门工作经历，使我对于不同企业和企业内不同职能部门的创新都有自己的感悟和体验。我发现，企业创新成功和失败的重要差异之一就在于是否有一个系统化且行之有效的工具、方法和理念。"精益"就是我在这几十年的学习和工作中体会到的、并仍在不断研究中的一个重要的理念。"精"，即少投入、少耗资源、少花时间，同时又确保高质量；"益"，即多产出、高效益。就我个人体验而言，它绝不仅限于制造领域，市场、销售、新产品、创新及售后服务等众多领域都有它的用武之地。它与创新的巧妙融合，可极大地降低不确定的市场风险，提高创新的效率，让企业管理者做好三件事：做正确的事，正确地做事，持续不断地做正确的事。总而言之，精益可以让企业的创新更高速、更高效且更易成功。

　　承蒙中国人民大学出版社商业新知事业部的王立军先生邀约，让我为这本外文译作《精益创业》作序。拿到这本有关精益的书，我潜心阅读，发觉其是针对当前这股浪潮的又一精彩之作。

　　这本书内容丰富，案例详实，见解独特而深远。书中详细分析了初创企业成功的原因，如能够不断学习和根据客户喜好灵活调整方向；全面剖析了成熟企业内部创新和创业失败的种种阻碍因素，如职能条块分割、公司政治、缺乏自主性，以及资源严重受限等；并以简单明晰的语言介绍了精益创业的本质（避免生产无人需要的产品造成资源浪费）和内容，如颠覆性的创意、跨职能间的团队合作、最小化可行产品等；阐述了如何将精益创业的方法有效地应用到企业的创新活动中，使员工可以自由顺畅地提出很有创意的想法，使企业可以从惯性泥潭中脱身而出涅槃成为充满活力、提供盈利性产品和服务的能量工厂。

　　这本书的优点之一在于，它不是一部纯理论性书籍，而是一部富有实践性案例和针对性战术的指导性工具书籍。它详尽地描述了标杆企业是如何基于"创立—衡量—学习—交互"的原则通过精益驱动自身创新的操作流程，向企业家们提供了多种开发新产品、开拓新市场的工具和方法，如孵化平台、战略收购和投资等。它还针对组织机构、运营系统和工作流程贡献了很多如何促进成功最大化的合理化建议，如基于创新的薪酬奖励、构建指标模型、创新会计和创新集群概念等。

　　本书的另外一大亮点在于收录了对很多优秀企业家的精彩访谈记录，如通用电气公司、英特尔资本公司、高通公司等，并且秉持兼容并包的原则，既囊括支持精益创新理论的企业家，也对持反对意见的企业家保持开放的态度，使读者以辩证的角度全面审视和理解"精益创业"这一概念。

　　总而言之，这本书描绘了一幅如何在企业内部孵育颠覆性的创业创新想法并付诸实践的蓝图，为渴望创新、计划营造创新文化的企业家指明了一条清晰而新颖的道路。我相信这本书是所有企业家都可从中汲取创业创新灵感和经验的书籍，希望广大推崇创新的企业家和从事创业的工作者可以将其作为案头必备的工具，帮助自身在创新之路上实现可持续发展。

余锋

安朗杰公司全球高级副总裁兼亚太区总裁

上海管理科学学会精益六西格玛委员会主任委员

美国质量学会高级会员和LEC（精益企业中国）的独立董事

精益创业：向用户学习

直觉上，我们总是认为，一旦开始创业，我们就只需要努力把设想的产品或服务完美地打造出来就行了，这源于我们对开发新产品或新服务所需经历流程的浅薄认知。我们知道一款产品之所以诞生，是因为在此之前，相关工作者已经通过严谨的调查分析确认了市场空缺，产品设计者根据对用户需求的理解策划出了相对完整的产品形态。

然而，对创业者而言，在大多数情况下，他们看到的市场空缺确实存在，只是偏差往往出现在对用户需求的理解上。因为用户的需求是各式各样的，并且需要不断地进行细化。在这个层面上，创业者们更多地是依靠假想与猜测，因此极有可能抓错重点，或者把问题过于简单化，导致的结果就是他们一厢情愿地打造出了一个用户根本不需要的产品。

"大部分初创企业的倒下，不是因为他们没有完成预设的目标，而是因为客户不买账。"

这句话很好地描述了目前一部分创业公司的窘境。创业者提出了许许多多的愿景与假设，但其中很大一部分都会在半路"夭折"，每项产品或服务的用户群体都是不一样的，甚至这一秒与下一秒的用户需求也是不同的，"需求变更"像一个魔咒般禁锢着产品开发的步伐，而这就需要一套在高度不确定的环境中做创新的靠谱方法论。

近五年，我一直在硅谷从事高科技的投资，看过大大小小无数的创业项目，结交了许多创业界的牛人，也接触到了硅谷的两大创业方法论——精益创业和设计思维。这两大方法论都是以问题为原点，进行构思、验证和迭代的一种思维方式与解决方案。其中，精益创业更为重视的是用户的问题，它强调的是同时兼具快速循环运作和对用户需求的全方位认知，即使遭遇失败，也能迅速从用户的反馈中获取改进契机，不断进行迭代改善，从而阶段性地填补用户的需求漏洞。"向用户提供价值"是精益创业的核心思想，因为成功不单单只是实现一项产品功能，而是学会如何"治疗"用户的痛点，解决用户的问题。

当然，变化的不仅是用户需求，资源、市场、技术、政策……一切都在飞速运转，变化是这个时代永恒不变的主题。任何一家想在变化的市场环境中持续经营的公司，都必须不断创新，而精益创业适用于任何创新过程。《精益创业》这本书，涵盖了创业前期、初期和转型期等整个过程，其精益创业方法论为创业者们带来了一套可以践行的理论框架，也为投资者如何有效地保证自己的投资回报、选择一个优秀的团队提供了全新的思路。这对于正处在上升期和转型期的创业者和投资人来说，是十分值得思考与借鉴的。

赵胜

硅谷创客资本创始人

以色列洼地科技创始人

精益创业的黎明

谷歌公司拥有天价市值，但这一"组织全球信息"的公司市值本可以升至数百亿美元甚至更多。2004 年 10 月，埃文·威廉姆斯（Evan Williams）离开了谷歌公司。威廉姆斯自其初创项目 Blogger 被谷歌收购后，在谷歌忍受了一年的大企业官僚主义后愤然离开，11 个月后，Blogger 的产品经理比兹·斯通（Biz Stone）也从谷歌辞职了。他们随后创立了 Twitter。这家新公司在 2013 年 11 月上市，到 2014 年初，其市值已达 367 亿美元。

对谷歌而言，失去威廉姆斯和斯通无疑是一个代价惨痛的错误，但谷歌并没有吸取教训。本·西尔伯曼（Ben Silbermann）于 2006 年加入谷歌公司，在谷歌工作的两年时间里，他从事展示广告产品的工作，深切体会到了在一个以工程师主导的企业文化中，作为一名非工程师的格格不入。于是他辞职，与他人联合创立了 Pinterest 这一在线图片分享社区，该社区在 2014 年 1 月估值达到 38 亿美元。

对于这一切，谷歌公司仍然没有察觉到有什么不妥。历经两年令人窒息的公司政治后，凯文·斯特罗姆（Kevin Systrom）于 2009 年离开谷歌，此后不久，与他人联合创立了 Instagram。2012 年 4 月，他将 Instagram 以 10 亿美元的价格卖给了 Facebook。

威廉姆斯、斯通、西尔伯曼和斯特罗姆，更别说 Asana、Cloudera、Foursquare、Ooyala 以及十多家初创公司的创始人都离开了谷歌，因为他们自己的创业才能无法在这样一家大公司内部实现。我们都是谷歌公司的超级大粉丝，但是如果这个"硅谷传奇"能将这些出色的创新者留下来，他们至少会给公司账面增加 405 亿美元（Twitter、Pinterest 和 Instagram 截至 2014 年 1 月的全部价值总和）的资产。

这对于被封为创新圭臬的谷歌来说的确是个坏消息，但对于那些希望在企业内部促进创新的大公司来说，无疑是个好消息。这就意味着即便是最创新的机构仍然会错失价值数十亿美元的好创意，而这些创意可能被任何一家企业加以实现。这也意味着，在一家企业的不同业务部门和边缘部门里，也许有数十个人拥有可以创造巨大财富的创意。即便是历史最悠久的、最不积极进取的企业也有可能避免谷歌的错误。渴望拥有高成长业务的大公司必须要能释放并同时留住潜在的创新人才。这些公司可以创造一个使创新能够成功、可预期并可重复的组织，这一切靠的不是巧合，而是好的设计。

后 PC 时代的重新洗牌

对企业创新的需求从未像现在这样迫切过。许多知名品牌如今已是岌岌可危。2013 年，美国航空公司与全美航空合并时估值仅为 55 亿美元。柯达公司作为一个多世纪以来摄影的代名词，于 2012 年宣告破产，其竞争对手奥林巴斯也紧随其后。铃木汽车事业部逃离美国。同年，沃尔沃汽车公司也几近退场。作为 PC 产业的两大基石——惠普和戴尔公司（戴尔于 2013 年初以 240 亿美元的价格将自己出售），正拼命试图建立通往后 PC 时代未来的通道。黑莓公司的身价已经下滑至数十亿美元，并在其曾引领的智能手机市场中跌倒。百视通已关闭了其店面和 DVD 邮寄服务。美国第二大电器连锁店无线电器材公司（Radio Shack）和彭尼百货（JC Penney）的死亡也宣告了零售业所面临的挑战。

这场惨烈的洗牌并不局限于少数不幸的企业或某个特定的行业。对于知名企业而言，这种威胁也是普遍存在的。在 1955 年所列出的世界 500 强企业名单中，有近 87% 的企业或破产、兼并或成为私有企业，或跌落榜单之外。一份对标准普尔 500 指数的研究发现，其中按市值排名的公司，1958 年平均每家企业能在榜单上停留 61 年，但到了 2012 年，却只能停留 18 年。

我们将 2014 年 1 月大企业的动荡与世界上最有价值的公司的价值创造进行对比发现：经过 35 年的发展，苹果的市值为 4 365.5 亿美元；谷歌公司创立的时间不到 35 年的一半，价值就已达到 3 954.2 亿美元；亚马逊的市值为 1 657.9 亿美元。尽管 Facebook 的 IPO 遭受了滑铁卢般的惨败，但这家 10 岁的公司的市值仍高达 1 640 亿美元且不断上升。8 年前成立的 Twitter 的价值也达到了 296 亿美元。

另外，从硅谷和纽约走出的成长最快的公司往往都经过了严酷考验。Dropbox、Pinterest 和 Uber 等公司的估值在短短几年内已接近 140 亿美元。后来者 Evernote、MobileIron、Pinterest、PureStorage、Marketo、Spotify、SurveyMonkey、Snapchat、Violin Memory 和 Zscaler 估值都超过了 10 亿美元。事实上，估值能达到 10 亿美元的创业公司的数量可能高达 40 家。这些公司正在以前所未有的速度和规模创造着价值。

停滞的企业和那些快速成长的企业之间的差别已不是什么秘密了：这些成长型企业具备一种不可思议的能力，可以为市场带来激动人心的产品和服务并开拓出更广阔的新市场。高速成长的公司，如亚马逊和 Facebook 已经证明了大公司也能做到这一点。但具体如何做，最好的方法是看看创业公司是如何做的。

创业企业的优势

如果说现在对知名大企业而言，是一个黑暗时期的话，那么对于新创企业来说，这就是一个黄金时代。根据 foundersandfunders.com 统计，全球企业家人数达 3.8 亿，而这一数字还会以指数级速度增长。企业家巨星如史蒂夫·乔布斯和马克·扎克伯格已经成为大众文化的偶像，他们写出了畅销书，基于他们的故事拍的电影也成为卖座大片。电影《社交网络》用好莱坞式的逻辑讲述了 Facebook 的故事，其票房收入接近 3 亿美元。火爆的电视真人秀节目《创智赢家》（Shark Tank）则是一档创业者展示其发明和赢得潜在投资人投资的节目。布拉沃电视网（Bravo network）甚至在其一档真人秀节目《硅谷初创企业》（Start-Ups: Silicon Valley）中帮助一对有潜力的年轻人从准备商业计划书着手，通过他们共同的努力，最终获得风险投资的青睐。

所有这一切甚至削弱了世界最大的品牌企业的吸引力。对于有着清醒商业和技术头脑的大学毕业生来说，进入一流公司工作不再是一件"很酷"的事情。总的来说，千禧一代拒绝了传统舒适的层级管理、金融稳定、风险规避和从上至下的企业文化。他们希望在 Airbnb、Dropbox、Foursquare 或 Tumblr 工作，或创建自己的企业以图重新制定互联网新规则。

人们有史以来第一次清楚地知道了如何做到这一点。在过去的十年中，对于如何开始高增长的商业，人们已从筚路蓝缕地摸索转为轻车熟路地实践。学生们可以在学校学习创业，跟踪 TechCrunch、VentureBeat 或者 Xconomy 行业内的最新报道，参加为志同道合者举办的行业聚会，在炙手可热的初创企业工作，制订商业计划，寻找风险投资。

更重要的是，创立企业的成本已经大大降低了。许多固定成本已经蒸发，由可变成本取而代之。例如，亚马逊 Web 服务允许有抱负的企业家访问数据中心基础设施，它最初的成本为零，直到客户开始有大量数据需求。自由职业社区，如 Crowdspring、Mechanical Turk、Odesk 和 Elance 可以提供从编程设计到撰写新闻稿方面的临时工作。Coworking 的空间提供性价比很好的办公室，创业者可以在那里聚集和相互支持，直到他们有足够的收入来租一间像样的办公室。资本也变得更易获得。由于有 Kickstarter 之类的众筹网站、AngelList 之类的种子资金网络社区以及新的法律法规，任何一个人都可以购买和出售公司股权。

所有这些趋势不仅加剧了企业现有业务部门面临的竞争，也增加了这些企业遭到无法预见的市场变化攻击的可能性。新一代被高度赋权的企业家正在快速出现。他们的手段、动机和拥有的机会会破坏你的业务，并且他们也正在这么做。

企业的窘境

传统墨守成规的企业开创的道路并不一样。正如克莱顿·克里斯坦森（Clayton Christensen）在其 1997 年的经典商业著作《创新者的窘境》（*The Innovator's Dilemma*）中所指出的，大多数大型企业作为创新者初创时，都是通过利用廉价的技术、足够好的专业能力，以较低的价格克敌制胜的。困境往往出现在他们已经上升到市场主导地位之时。这时候，他们有市场需要维持，他们原来所专注的颠覆性创新转变为持续性创新，以支持他们的传统业务。现在，对于开发已成熟的市场而言，他们所期待的便是增长放缓。但最终将会被一个新的竞争者用更便宜的替代选择打败。他们因没有率先开发颠覆性的技术，而让自己变得脆弱。

事实上，对于大公司来说，克服惯性已经成为一个"不成功便成仁"的选择。企业领导必须应对比以往更快速的技术变化，以及比以往任何时候都更具侵略性的竞争对手。在当今关于这一命题的浩如烟海的书籍、会议、研讨会和博客中，克里斯坦森的书是真正意义上的开启者。企业高管们在这些信息中苦苦寻找着解决之道。企业创新已经成为了一个战斗口号，并纳入了公司的预算项目。企业内部的创业计划已经变得司空见惯，内部孵化器和加速器也很常见了。企业风险投资基金已在新兴市场中投资了数百万美元。然而，很少有企业能摆脱这一"创新者的窘境"。相反，他们深陷在惯性、精神不振、官僚主义、错位激励以及其他几乎折磨着每一家大公司的沼泽中。

关键的挑战在于资源依赖，即组织生存依赖于外部相关方这一事实。不管是否有来自管理层的明确指示，如何暗中保障这些资源实际已成为了企业最高优先级的问题（在这一理论的最强版本中，企业高管对公司的工作重点并没有实际控制权，而是外部力量决定了公司的发展方向）。换句话说，企业不能自由地做他们想做的事情。他们的供应商、投资者，尤其是客户都会对企业产生影响。让这种倾向在自己所熟悉的领域中存在，无疑是创新最强大的屏障。

企业要想摆脱资源依赖是有可能的，但同时也是有困难的。克莱顿·克里斯坦森在《创新者的窘境》里讲了一个启智的故事。1982 年，硬盘制造商 Micropolis 公司的 CEO 斯图尔特·梅本（Stuart Mabon）敏锐地意识到，应该将 8 英寸硬盘转型升级成下一代的 5.25 英寸。他原本以为可以在确保现有顾客满意的同时完成转型，但两年之内，他便宣告放弃。"我在 18 个月的时间内耗尽了我全部的时间和精力。"他说，在他确保 5.25 英寸硬盘产品项目能够获得足够资源时，公司自身的机制却是要将资源分配给客户需要的产品——8 英寸硬盘上。最终 Micropolis 公司还是完成了转型，但梅本回忆说，那段时期是他这辈子最劳心劳力的一段时间。

我们经常在工作中看到资源依赖对我们所产生的影响。那些想成为企业创新者的人时常在面对一个重大机遇时，不得不问自己："这和我们的商业模式是否契合？它是否适合我们的品牌？我们擅长吗？"这些问题对创新而言都是致命的。公司的价值观、竞争力和流程对在现有领域继续前行有巨大的优势，但却对开拓新的领域毫无用处。

释放企业

我们曾帮助过许多企业克服他们所遇到的障碍。自特雷弗·欧文斯 2010 年创立精益创业器（Lean Startup Machine）以来，我们已经为 25 000 名企业家和雇员们提供了有关精益创业方法的培训。其他培训机构通常通过讲座和工作坊来教授精益创业方法，而精益创业器的受训者会亲自参与实验、客户发展、创新会计和如何将想法转化为实际产品的技术培训，甚至能从真实客户中获得实际利润。在一个为期三天的密集培训课程中，参与者会进行创新假设、测试、拜访客户、设计产品和验证需求等环节。当结束课程时，他们都已学到可以立即投入应用的创新技巧了。

通过与以下这些企业员工的合作：联邦快递、德勤、ESPN、通用、谷歌、财捷集团、Corp、Salesforce、三星、《时代周刊》以及其他数以千计的公司，我们发现并记录了大公司内部创新的"绊脚石"。我们看到了职能条块分割、季度预算、基于薪酬的奖励和公司政治对于企业精神和创造性思维的破坏性力量。同时，我们也看到了任务小组、内部创新计划和创新实验室所存在的严重局限性。对此，我们也相应地研究开发出了应对这些挑战的方法，激励潜在的企业家人才，还有特定的可以将迟滞、死板的企业转化为充满活力的市场化产品和服务的能量工厂。

另外，我们自身也创立了一家精益企业——精益创业器，精益创业器最初始于一个从无数失败的企业案例中获得的疯狂的想法。在三年半的时间里，它发展成为了一家全球性的企业，在全球的 500 座城市里有 300 个训练营，由 Upfront Ventures、Techstars、500 初创和埃里克·莱斯（Eric Ries）出资运作。如今，我们正在开发软件帮助创新者们确保实践不偏离轨道。我们根据这本书里所描述的方法，从假设中获得原型，创立了 Javelin，这是一个软件即服务（Soft-as-a-Service，SaaS）创新工具。此后，我们大规模使用这种工具与洛克希德·马丁公司（Lockheed Martin）以及新闻集团开展合作，并期待在 2014 年年初将此类工具在全球推广。

我们并没有发明精益创业。精益创业始于埃里克·莱斯、史蒂夫·布兰克（Steve Blank）、大卫·凯利（David Kelley）、约翰·克拉富西克（John Krafcik），还有《敏捷宣言》（*Agile Software Manitesto*）的 17 位作者以及更多由于篇幅所限无法提及的名字。尤其是埃里克·莱斯，我们的这本书很大程度归功于他写的《精益创业：新创企业的成长思维》，这是一部里程碑式的作品。它将埃里克数年来的研究和文章，用通俗易懂的方式让我们的作品延展到主流商业读者，包括初创企业和大公司等。不过，我们认识到很多公司员工仍在为精益创业原则和实践而烦恼，这也正是为什么我们希望将埃里克的观点延展，为老牌的企业创新技术提供更为全面、可操作的方法，而这种技术原本被视为只有初创企业才独有的。

为什么企业内部创新会失败

许多企业的高管们都在试图建立创新的内部文化。他们在办公室里摆上乒乓球桌、装满高热量零食的小碗，然后让自己的最好的、最聪明的员工成为企业内部的创新者，让其自行承担全新产品推向市场时所引起的让人不悦的利益纷争。大多数企业的此类尝试最后都前功尽弃了，内部创新者不是被政治所牵制，就是被边缘化。他们最雄心勃勃的项目往往会偏离最初的方向，浪费庞大的预算，并给公司优秀的品牌抹灰。更糟的是，他们的精力会被导入到低效、跟风的产品中，无法在市场上留下任何印记。将新鲜血液注入垂死的业务部门之类的大胆尝试并不会产生良好的效果，反而会拖累人才的大好前程。

在我们看来，内部创新本身就是矛盾的。作为员工的角色和作为企业家的角色天生就互不兼容。高管以为将员工转移到创新部门后，便可拿出伟大的想法，然后由公司投资，让这个想法在市场上大获成功——这种希望纯属自欺欺人。

内部创业计划之所以会失败，原因有三：首先，内部创业者不被允许将重点放在高增长的机会上，相反，他们不得不解决渐进式的创新，而这只能带来边际增长；第二，他们拿的是月薪，这就削弱了驱动真正创业家的动机：用失去一切的风险来赢得巨大回报的机会；第三，内部创业者缺乏支持创新的财务结构，相反，他们会为获得资金而陷入部门斗争的泥潭中。让我们来仔细看看每一个因素。

自主性

企业的传统会扼杀掉创新思维。维持一家成熟的企业业务，需要专注于现有的客户及产品，一旦员工有这种心态，那几乎是不可能轻易改变的。他们自觉地将公司价值观和竞争力内化到自身，从而让他们无法看见潜在的行业变化，以及与现有模式并不相符却有着高投资回报率的机会。

反过来，创业者对如何解决客户问题有着更宏观的思考，他们花了很多时间研究市场，与产品打交道，向其他创业者咨询，试探潜在客户的意向，更为广泛地寻求引领市场之道。他们需要的是在公司的办公室外被赋予自由，去做一切需要做的事情——建立一个独立的业务。

薪酬

俗话说"舍不得孩子，套不着狼"，没有高薪激励，人们很少愿意冒大风险。这一点恰好是内部创业计划很难做到的。员工执行明确划分的职责，获得事先协议好的工资。这是一个典型的安排，满足了雇主和雇员对于稳定性的需要，但它同时也浇灭了任何人想要追求远大抱负、勇敢前行的热情。任何一次失败的代价都会比一次成功所得到的好处要大得多。

创业实际上是冒着巨大的风险来换取可观的回报。高风险和高回报的这种组合具有很大的激励效应，它让创业者去克服他们所遇到的看似难以逾越的障碍，因为他们经常做的便是要应对市场的不确定性。他们需要在创业项目中有个人的财务份额，当项目成功上市时获得股份。任何一个寄望从他们的努力中获利的企业最好能调整到如上的奖励结构。

财务结构

和其他普通部门一样，企业创新部门需要为自己的部门争取预算，而开创一个成功的事业往往需耗时数年，因此，内部创新部门在半年度、年度节点上无法展示部门成果而不得不玩弄办公室政治。此类状况在一定程度上反映出对于创新驱动力的误判。

创业者需要尽可能地保持专注和自律，同时，他们也需要财务上的独立性，以公平地获得资金上的支持，不管是在进行一项前景可期的事业抑或已经偏离轨道。而初创企业则不需要为一个还尚需时日才能盈利的产品向公司高层讨要资助，他们依靠市场来判断自己企业的价值。内部创新也需要同样的限制条件和同样的自由。

大部分寻求培育内部创新文化的企业高层们都忽略了一点：文化是组织结构、激励和先行者的产物。文化并不能孤立地被改变。改变文化意味着改变组织本身，并在全新的组织上逐渐发展起来。如果把人们置身于一个组织和奖励与之匹配的环境中，他们自然而然会充满创意和创业者精神。

直到现在，构建这样的环境依然是一项艰巨的任务。在企业环境内构建适合创新的组织结构和流程还仅仅停留在理论阶段，理论并不一定能成为现实。在过去几年中，一些促进企业创新环境建立的因素已然出现，它们能够使创新不再命运多舛，而是自觉自发地在企业内部进行。

进入精益创业

大部分初创企业的倒下，并不是因为他们没有完成预设的目标，而是客户不买账。精益创业方法的基本逻辑点就在于，避免生产没人想要的产品，造成资源浪费。

举例来说，一款自行车修理手册 App 开发商在进入手机市场前，必须要在开发适配安卓、iOS、Windows 手机或黑莓的产品中做出选择。客户最想要哪一种？他可能会考虑 iOS 系统，毕竟这是有着最大用户基础的操作系统，但也许更能给公司带来利润的客户群倾向于使用 Android。如果这家公司开发了一个基于 iOS 系统的 App，而更能为公司带来盈利的客户使用的是安卓系统，那么时间成本、开发费用以及研发产品的精力无疑都将被浪费了。

而成功的初创企业之所以成功，原因在于他们能够不断学习，并能随着客户的喜好而调整，他们没有照本宣科地执行最初的方案，而是不断地基于对顾客喜好的初步了解调整方向，最终找到用户愿意付费的产品，并在更大的用户群范围内进行检测。

精益创业方法是为确保产品/市场契合度所采用的一系列技术手段。

一旦该 App 开发商能够确定这些可带来最多盈利的客户使用 iOS 系统，并了解这些客户是否是通过特定的销售渠道、出于什么样的目的来购买移动端的自行车维修手册 App，那么这些信息在很大程度上就能降低产品的风险，让企业更有可能获利。

对处于创业初期阶段的企业来说，低成本和高速的精益创业运动已被证明是非常有效的方法。企业主通过采取精益创业的方式可达到同样的结果。遵循"创立—衡量—学习—交互"的原则，先开发一个最简单的产品，通过客户实际使用进行检验，从而做出调整或是维持原样的决定。这一原则提供了一个前所未有的高效方法，以帮助企业开创一个可持续的全新事业。

所有在这把精益创业"剑鞘"内的箭都是必不可少的，但"创新会计"对知名大公司来说关系更为密切。这一技术对驱动那些通常发现创新机会却心有余而力不足的老牌公司来说，尤为关键。让我们来看看创新会计是如何发挥作用的。

CFO 们可以用到的新工具

在企业环境中扼制创新的阻碍因素，包括从资源依赖到有关自主性、奖励和财务独立等一系列问题，在很大程度上都是受企业控制成本的方法所限。对此并不难理解：长期积累的经营历史数据能够有助于调整利润率，从增长缓慢、甚至萎缩的市场中获得最高的投资回报。然而，财务分析的常规工具对创新而言是致命的。适用于可预测的经济的会计方法，并不适用于高度不确定的情况。

例如，企业财务人员所熟悉的折现现金流（Discounted Cash Flow，DCF）分析，是基于利率折算未来现金流，从而确定一个业务部门的现净值。初创企业早期缺乏可观的收入，当然，他们也有可能并不了解如何变现，不清楚公司的初始收益策略该如何随着时间的推移而演变。因此，DCF 分析并不适合初创企业。相反，公司在早期阶段的估值是基于当前投资资本、股权的需求和谣言等无形因素。这种分析方法和 CFO 们几十年的经验明显不符。

　　创新会计是一种新的选择，它可以测量一家初创企业发展成为一家可持续成熟企业的发展过程。由埃里克·莱斯提出并在其《精益创业》一书中所介绍的精益创业技术，包括识别对拉动增长发挥最大作用的用户行为和构建反映用户行为对业务影响的模型。企业家通过在该模型中输入理想状况下的数据，可以从第一天起便掌握初创企业的表现。随后，新客户的到来可以为该模型加入真实数据，并开始调整业务以获得更大的增长。此外，随着产品的变化，他们可以添加新功能对用户行为所产生影响的数据，观察其是否会对业务也产生影响。这种"开发—衡量—学习"的循环能够确保对新增知识进行检验，并在下一次加以应用。

　　指标模型类似于 DCF，非常符合传统企业的做法。二者的主要区别是，指标模型是基于用户行为，而不是收入。用户行为较现金流来说不易衡量，但是对于很多创新性产品，这却是最重要的。这是因为创新产品往往需要用户习得新的习惯。Facebook 面世前，没有人会实时查看他们朋友的在线状态；Twitter 出现之前，没有人会发限定在 140 个字符内的公开消息。两家公司的收入模式都是传统的广告收入，但拉动广告收入的用户行为模式则是前所未有的。如果某种用户行为被证明会拉动业务增长，那就说明这是一种可行的商业模式。

　　通过这种方式，创新会计让企业将原先不可统计的纳入会计范畴。它为企业 CFO 们提供了一个能将创新绩效呈现给股东的宝贵工具。一般来说，类似的呈现涉及很多被莱斯称为"成功剧场"的方法，而这种方法以可计量性和透明度取而代之。CFO 们可以汇报反映在模型中的增长，他们可以基于同样规模的、处于初期阶段的公司筹资水平进行估值，侧重从如 AngelList 和 CrunchBase 收集信息。这有助于 CEO 们就创新组合的进展情况以及创新的意义所在进行沟通，同时也为企业内部创新提供了一个合理的方案。

精益创业的黎明

创业会面临着各种各样的困境，但精益创业方法提供了功能强大的新工具，可以让专注于现有市场的企业更善于发现和挖掘新的市场。

创新型企业也能从中获得额外的好处。领导者本身能够产生晕轮效应，可以提高整个公司的公众形象，以及鼓舞内部士气，对留住员工和招聘新人无疑是福音。开辟企业内部的创业渠道，不仅能吸引那些雄心勃勃的内部职员，同时也能吸引优秀的外部应聘者，让其在一个更舒适和稳定的环境中实现自我梦想。与初创企业和种子阶段投资人加大接触力度，能使该公司尽早发现正在涌现出来的趋势和商业模式。

这种影响力将会延伸并超越公司的重重障碍。如今，渴望自己创业的人必须进行选择：是要一份传统的职业，还是让自己的生活冒着靠拉面果腹、借宿宽容的朋友家沙发的风险。精益化创业则提供了第三条道路：他们可以和一个组织共享风险，最大限度地提高成功率。潜在的创业者们可能没法创立自己的初创企业，但他们可能会有有价值的思想、才能和技能，精益创业方法提供了一条路径，它让渗透整个社会的创业精神更有效地运转起来。

每家公司都必须面对这样的现实：一个员工的离职可能会让该公司失掉价值数十亿美元的机会，更好的办法就是认同那些统治着这个普适网络时代创新的新规则，制定遵循新规则的战略，并构建实行这些新战略的机构，赋予其自主权、合理的报酬和创新所需的关注。本书将在其后的章节中一一予以阐明。

|目录|

目录

Chapter 1

第 1 章

精益创业路线图

企业创新问题的根源在于，其内部未能成功解决自主权、激励和财务结构的问题，然而，外部世界的日新月异正激发着人们对于创新前所未有的需求。互联网、移动互联网、云计算正以更快的步伐重塑商业世界，这些力量能够催生新的市场和产品，但同时也可能以摧枯拉朽之势毁掉一家公司。

大公司需要了解这一新的环境，以及这种环境对于他们的创新意味着什么，他们需要建立新的组织和制定新的战略，以更好地利用这些力量，而非被它们所裹挟。在第 2 章中，我们会更深入地了解到底是哪些力量在起作用，而这些力量对于创新组织和企业战略而言，到底有怎样的意义。

创新殖民地

总体来说，本书试图阐释在一家大公司内部，如何才能创造出丰富多样的产品或服务，并确定哪一种更有可能在市场上畅销。这一切的关键在于打造一个全新的组织结构——我们管它叫创新殖民地（innovation colony）。正如先前的经济和政治的殖民地一样，创新殖民地是由母公司派出的一群职员组成，但却足够独立，不受公司传统管理的影响和约束，并由母公司出资。而这个创新型组织所关心的是如何像其他的创新企业一样，用尽一切方法让自身能够尽快自给自足。殖民地需要代表公司高管们行使那个唯一而至关重要的职能：催生颠覆性创新。

不同于传统的公司部门，创新殖民地需要有一定程度上的独立性和自主性，这相当于公司内部的公司，它分拆初创企业，扶持有前景的创业计划。我们将在第 3 章中详细讨论创新殖民地的组织架构问题。

创新殖民地并不创造全新的、充分市场化的产品，当然，除非这个组织的成员都已得到了充分的激励。创业者们会被风险 / 收益机制所驱动，这种激励方案可能会让普通的员工胆寒，而传统的按劳分配又会让创业家们不满。无论如何，为了成功，创新殖民地需要具有创业家思维的人才，而找到这些人才的关键在于，许以他们可以获得极大成功的机会。在第4章中，我们并不认同创业家们一定要让出自己创立的公司的大部分股权，我们认为，即便这个创新殖民地生产出了一些市场领先的产品，但每个相关方还是应得到与其付出成正比的报酬。

创新殖民地追求大规模的有价值的创意，而这些创意与基于流行的科技、投资、消费者行为学的创新理论相一致。我们会仔细检视这一论点，并将在第5章中详细讨论。

投资没有经过检验的创意仍然会有很大的风险。万一都失败了呢？因此你如何选择创业点子和获得更多的创意，这两者的重要性相差无几。每一位创新殖民地的成员都需要检验每一个创业创意，确保在投入大规模资源前，这个创意有成熟的市场。而这一切通过精益创业就可以做到。

精益创业

风投公司 Union Square 联合创始人弗雷德·威尔逊（Fred Wilson）曾说，他更愿意投资那些"像杂草般生长"的初创企业。杂草不需要精心准备好的土壤、定期浇水或者是充沛的阳光，只要将它的种子播撒下去，它就会把根扎入泥土。不需要任何特定环境，它就能不断地向上生长。正如野草一般，依据精益创业原则创立的公司，其成长并不需要有特定的理想环境。他们在不确定的环境中也能发展壮大——这正是能够带来最大投资回报的环境。

建立、评估、学习

总之，这个实验过程是一个三阶段的迭代方法：建立、评估和学习。它往往因客户提出的问题而受到启发，并有特定的产品和服务来解决该问题。当然，实验阶段的产品并不需要很完善，符合当前实验的要求即可。最重要的是，应尽快和尽可能低成本地与潜在的客户建立互动，从而产生可评估的结果，获得对产品和服务的认知。通过这样的方式，你就能获得越来越多的实践知识，用于指导产品开发、工程和营销工作。这些技术是本书第 7 章的主题。

要让你的产品不断吸引受众，你需要确保它可以成长为一个快速增长的业务。创新会计这种精益创业技术能让你知道哪种指标是具有决定性的影响因素，如客户获取和保留。通过构建一个指标模型并跟踪现实世界的指标，你可以区分哪些是对增长最关键的指标，并最有效地优化分配资源。这是本书第 8 章的主题。

产品 / 市场契合

所有实验的最终目的是实现产品 / 市场契合，也就是创意足够有价值，其规模能迅速扩张并覆盖一个庞大的客户群。产品或服务是否实现产品 / 市场契合很大程度上是一种主观判断，只能通过一个指数级增长的业务来证明。也就是说，可以通过两个有用的指标来衡量。

一是必备品的实验。Dropbox 公司前营销主管、现任高通公司 CEO 肖恩·埃利斯（Sean Ellis）在担任顾问时发明了该技术。他用一个小工具 survey.io 向公司的客户询问："如果没有这个产品，你会有多失望？"经过对 100 家公司的客户调查，他观察到了一个现象，即那些正在尽力获得吸引力的公司的客户回答"非常失望"的不到 40%。另一方面，拥有强烈吸引力的公司的客户，"非常失望"的比例更高。换句话说，该公司的产品对于这些客户来说是必备的。

精益创业

THE LEAN ENTERPRISE
Innovate Like Startups

必备指标也可能具有误导性。例如，一项旨在帮助高中生申请大学的在线服务——Acceptly 获得了较高的必备得分，但由于客户并没有频繁使用该网站，而使其无法成为一项可持续经营的生意。在这样的情况下，试图扩大规模就会有风险。你可以用进一步的调查问题来测试此类缺陷。

产品 / 市场契合度的另一指标来自创新会计。建立一个指标模型最重要的是输入一系列代表商业成功的虚构指标。当现实世界的指标接近或超过这一理想状况时，这就意味着一个好的迹象，说明该业务已实现产品／市场契合。

企业创新的三大战略

实验和创新会计方面的精益创业技术构成了企业创新三大战略的基础，从而使企业创造出开创性的新产品。第一个战略就是企业内部孵化。这是本书第9章的主题。

有时，如果一个伟大的创意已经被一家独立的初创企业所实践，那第二个战略便可以发挥作用：早期收购。时机恰当的收购可以为企业带来宝贵的资源，并助推企业内部创业的创新努力。在第10章中，我们将探讨如何做到这一点。

第三个战略就是投资外部创业企业。这样做的理由是，收购一家初创企业可能太过冒险，何况该企业也许并不愿意出售。在这种情况下，一家企业可以不用做出孵化或收购的承诺，购买具有巨大上升潜力的股份。投资是第11章的主题。

有些企业并不想一头扎进高风险和高回报的深渊中，而宁愿循序渐进地小步深入。但即使是一个小小的创新殖民地，也能产生足够的创意并爆出冷门。第12章将解释如何从试运行发展到大规模的操作。

以上这些结构、方法、技术和战略组合成为一个强大的工具包，可供任何有野心、有担当、掌握自我命运的企业使用，而没有必要困在持续创新的窠臼中。通往颠覆性产品和指数级增长的大门始终敞开着。企业可以与初创公司在自己的地盘竞争。让我们看看如何做到。

史蒂芬·利果里

THE LEAN ENTERPRISE
How Corporations Can
Innovate Like Startups

对话通用电气公司全球创新总监史蒂芬·利果里

通用电气公司在《彭博商业周刊》2013 年世界最创新公司的榜单中排名第九位，并在同年世界最大企业财富 500 强中排名第八位，这对一家企业来说表现相当不俗。成立于 1892 年的通用公司如今拥有超过 30 万名员工，收入近 1 500 亿美元（2012 财年）。这大部分要归功于公司 CEO 杰夫·伊梅尔特和前执行董事斯蒂芬·利果里（Stephen Liguori）。作为通用公司的全球创新总监，利果里及其团队正在工业硬件领域开拓应用精益创业技术。他与艾里克·莱斯合作开发 Fastworks 项目，带动了整个公司的精益创业实践，以刺激颠覆性产品的开发，开拓新的市场。利果里和他的同事们正在通过无畏的领导来应对最棘手的企业创新这一挑战。他和我们探讨了他是如何做到的。

问：你是如何组织创新的？你是否有一个特别的创新部门？

答：我们没有一个特别的创新部门。在通用公司，创新等式的两端分别是：1. 技术创新，发明新的机器设备。我们在世界范围内有 7 个全球研发中心，其中一个在硅谷刚刚成立，有 700 名软件工程师，负责与通用公司的各部门协作；2. 商业创新，由我们的首席营销官贝丝·康斯托克（Beth Comstock）负责领导一个特别小组。我是全球创新总监，苏·西格尔（Sue Segal）是通用风投公司的总裁，他和一个授权团队共同寻求商业路径，以最大化利用我们的数千项专利。

问：你们是如何逾越公司政治、预算周期和其他企业的内部障碍，保持创新的？

答：这是问题的核心。当你把大型组织的官僚主义和我们所创造产品——如喷气式飞机引擎、动力涡轮机、断层扫描机——的高度技术性结合起来，你也许会望而却步。我们对此的解决方案FastWorks，是基于精益创业原则的一套体系。假如你没有意识到你的敌人就是企业文化，那么你必败无疑。你必须进行自上而下的推动。在公司顶层寻求的不仅仅是资助，还有认同和理解。我们曾经对公司高管们进行精益创业方面原则的训练，并且告诉他们："你们必须知道如何做这件事，因为如果你们不改变自己的行为观念（也就是我们现在所谈论的这些阻碍），我们就会完蛋。"而另一方面则要赋予团队工具和培训。他们可能会说："我想成为一名创业者，但是其他职能部门的扼制让我感到窒息。财务部门说我必须证明我的创意的财务回报合理，法务部门说这风险太高，合规部门说监管人员对此会有疑问。"

问：你如何回应他们？

答：获得官僚主义企业文化认同的方式之一就是告诉所有人："我们不是在孤赌一掷。"我们不是要建设一个年产数千万台创新型设备的工厂。我们每年可以制造100万台冰箱，但是我们仅仅致力于制造60台具有颠覆性理念的冰箱。即便现在，"把这个想法交给工程团队，三年后再看看进展如何"也仅是对创新的一种老生常谈，并且在我们这里，通常都是先投入3 000万美元再说。通常情况下，如果你问："我给你3万美元和30天的时间，你可以做出一台样机给我吗？"工程师就会说："你知道我做一台样机要花费多少钱吗？我的产出会下降，我的损耗会提升，我的绩效会一塌糊涂，那么我的年终考核就完蛋了。"这并不是因为我们的激励体系有问题，而是因为这个体系是用来驱动一艘航空母舰的。我们要做的并非航空母舰。我们要告诉团队，所谓最低限度可行产品里的"最低限度"并非仅仅指其功能特性，它还指需要使用和真正学习了解这些产品的最小客户数量。你可以制造5台机车样机，分发给北美每家大的铁路公司各1台——就1台，不是50台，不是500台，更不是5 000台——这样就控制了系统风险。我们这样做是要去发现市场的需求，并不是要立刻上规模，也不是要立刻盈利。这样做可以为人们开启一扇窗口，去倾听那些完全不一样的想法。"我们并不知道它是不是一个伟大的创新，所以我也并没有想要让世界为之震撼。我们只是想做一个小小的测试。"

问：关于创新所需的人员配置，你怎样看？

答：贝丝的团队里只有 5 个人。一些高管也曾经问过我们："你们需要更多人手吗？"我们回答说："不。"这可能是通用公司史上第一次有人提供资源而被拒绝。其中只有两个原因：第一，世界上没有一家初创企业不会讨论缺乏资源的问题，我们已经了解到问题不在于资源的多少，而在于你是否有正确的关注点；第二，如果这变成总部的意志，那将意味着会失败。我们一直在传播一个理念：通用公司的部门是由部门自己来决定的。有一个来自通用能源部的团队，他们创造了令人难以置信的大型复杂发动机，可以在电厂、变速器和配电系统中使用。他们希望在三个新的产品项目上尝试 FastWorks 方法，尝试着进入一个全新的领域。接下来，他们将自行配置人员和资金，这才是关键点。我会给他们引荐一位创业家，指导他们如何在通用内部建立创业项目。我们希望各个团队能认同这样的说法："该创业项目必须绑定你们的自身利益。由你们投入自己的员工和资金，我们则将提供培训、指导和工具来帮助你们。"

问：像典型的初创公司一样规划薪酬体系会更有效吗？在这些公司里，创始人放弃一半的薪酬，换取他们在开发项目中的股份。

答：目前的薪酬计划并不包括股份，但是我们很愿意把它囊括在内。我曾经和一些人就众包话题进行过 Google 视频对话。不论你是否相信，我们确实将一些喷气式飞机引擎零部件众包出去了。在中标者中，第一名来自印度尼西亚，第二名来自匈牙利，第三名则来自波兰。能从全球找到这么多聪明的人实在令人惊讶。那么问题就来了："你愿意支付他多少钱呢？"我们支付给中标者 7 000 美元。一些人会说："通用公司不是可以通过这些零部件赚数百万美元吗？"是的，我们可以。因此我们在尝试给内部创业项目和外部众包制定一个正确的激励体系。

有一些相反的观点：当你在通用内部创业，你有资源并且职业生涯稳定可期，但如果我们不提供正确的回报，你就会离开。所以我们意识到，我们需要让员工将一部分薪酬与创业风险绑定，同时也让他们获得更高的回报。我要告诉你一个可笑的故事：我们的人力资源主监和一些职位较高的经理们坐下来讨论说："我们想要做一些精益创业的事情，并且我们想要激励通用的团队。如果我们要求他们去做精益创业，我们就必须基于他们所开发的项目补偿给他们高额奖金或股份权益。"这是人力资源总监说的！非常令人惊奇！经理们说："你疯了吗？"就是那个说"我需要更多的创新者和风险承担者"的人担心公司的薪酬体系会受到影响和冲击。"我们会竭尽全力地开展股权激励或者将合资公司分拆吗？"我今天也许无法回答这个问题，但是我可以保证大约明年我们会做些实验。

问：是否有创新的愿景或围绕创新效果的指导或限制？

答： 或许有两点：一方面是从基于设备的商业模式向提供整体系统和方案的商业模式转化。例如，我们用按小时提供能源的方式取代了为航空公司提供喷气式飞机引擎。我们告诉一家发电厂："我们将绑定风力电厂和太阳能电厂，我们为你们提供的能源越多，你支付给我们的钱就越多，因为这降低了你的运营成本。"这样的业务对于一家从制造和销售物理设备成长起来的企业来说是完全不同的；另一方面是世界变得更加互联、更加活跃——就发展速度而言，我们必须要么更快地创新，要么被颠覆。这无疑是一个让我们深入挖掘行业知识和技术储备的机会，通过它们，能够让我们成就更为领先的事业。我们必须按照市场节奏和竞争强度发展。

问： 精益创业方法在 FastWorks 中扮演了什么角色？

答： 精益创业方法绝对是关键因素。杰夫·伊梅尔特在 2013 年致投资者的信中提到，他最近读过的最好的两本书是埃里克·莱斯写的《精益创业》和戴维·基德尔（David Kidder）写的《创业手册》（*The Startup Playbook*）。这是在这五页信中唯一提到的两本书，这也揭示了一个事实，那就是精益创业方法是对我们正在尝试做的事产生核心影响的理念之一。每家公司都需要明白他们可以如何应用它。我们吸收了它的原理，并加以变化，为我们所用。

问： 你是如何使用指标的？你是否利用创新会计这一指标在项目有实质收入前去追踪其进程？

答： 我们已经开始这么做了。目前我们正积极追踪大约十几个项目，目标是识别指标，并开发创新会计技术。

问： 你是如何知道你的一个项目是否已经达到产品／市场契合的？

答： 当那些引领市场的早期采用者们说"算我一个"时，我们就知道我们的产品已经达到了产品／市场契合。这并不像它看起来的那么主观。我们鼓励人们去提出一个"好 10 倍"的方案：不是仅仅略强于竞争对手，而是比竞争对手好 10 倍。如果你有 10 倍那么好，用户会说："我必须拥有它。"那么我就知道我们做到了。我们有让医院运行更好的软件，它就像医院的航空流量控制中心。如果你把这个软件在医院试用 90 天，90 天后他们说"不要拿走这个软件"，那我们就知道我们已经达到了产品／市场契合了。

问： 你的项目通过内部孵化、并购和投资产生的各自比例如何？

答： 对我们而言，一个补强型并购（Bolt-on acquisition）的规模通常在 20 亿至 40 亿美元之间，我们会维持这个规模。我们会给一些能帮助我们快速提升的合作伙伴投资。我们投资 1 亿美元给从 VMWare 分拆出来的 Pivotal 公司，给消费电子创业企业 Quirky 投资 3 000 万美元。我们越来越倾向于尽早发现、自行发明，或寻求与我们的事业有协同效应的合作伙伴。看看我们在硅谷全球研发中心都做了些什么。那 700 名软件研发工程师从根本上都是为了在工业互联网上的内生发展而存在的。而 10 年前的通用公司主要是依靠并购来发展的。如今我们已经均衡多了。

问：兼并收购和人才收购的比例如何？

答： 我们还处在人才收购（Acqui-hire）的早期观望阶段。迄今，我们已经完成了几起人才收购，我希望未来你能看到更多。

问：你如何将创新规模化？

答： 通用公司在其实体规模上非常具有独特性。规模化的关键主要在三个人才层级的培训：高管、教练和普通员工。外部专家根据通用的业务帮助我们培训很多教练。我们目前有 80 到 100 名教练，在通用具体业务的项目中培训员工。我们的目标是尽可能地快速扩大规模，但一定要保持质量。

休·莫洛奇

THE LEAN ENTERPRISE
How Corporations Can
Innovate Like Startups

对话财捷公司孵化实验室副总裁休·莫洛奇

财捷公司的故事在硅谷堪称传奇，该公司是由斯科特·库克（Scott Cook）和汤姆·普鲁克斯（Tom Proulx）在 PC 革命到来之前联合创建的，公司打败了包括微软在内的竞争对手，成为个人金融和小企业会计领域的主导者。财捷公司较早地响应了后来纳入精益创业方法的原则，所以当精益创业运动在 2011 年达到顶峰时，该公司——此时已是一家全面国际化的企业——全心全意地拥抱了它。1993 年，休·莫洛奇（Hugh Molotsi）加入该公司，担任软件工程师，并最终领导了公司的创新。作为财捷公司孵化实验室的副总裁，他负责鼓励和支持整个公司的创新。该公司雇用了 8 500 人，2012 财年收入达 41.5 亿美元。他的个人博客为：hughmolotsi.com。

问：你是如何组织创新的？公司有专门的创新部门吗？

答：我们与很多公司的区别在于，我们认为创新是每个人的工作。没有专人来指导我们未来要做什么。好的创意无处不在，与客户互动的一线员工有可能比管理人员更有关键的见解，我们需要新的思路。

问：没有一个结构，你如何管理创新？

答：好吧，这是字面上的非结构化。财捷公司的每位员工都可以将 10% 的时间用于他们认为会促进增长的创意，我们称之为非结构化时间。我们不会去跟踪它，而只是把它的存在作为一个理想的目标，让员工自己决定如何使用这个时间。我们只负责教大家提升两种核心能力：以客户为导向的创新和"为喜悦而设计"（Design for Delight），这就是我们设计思想的宗旨。因此员工们能按自己的意愿支配时间，并不断推动其创意发展。

问：如何让员工得到其开发创意所需要的资源？

答：一旦你有了一个想法，主要的挑战是让它接近客户。我们创建了财捷实验室，以帮助员工组织实验和开发产品，不需要管理投入、后勤支持或资源。我们有 12 个人。在我们看来，具有非结构化时间的团队就是初创公司，他们经常会遇到类似的挑战。我们正试图帮助他们更容易地把创意变成最小可行性产品，以便他们可以与客户一道进行操作实验。有的员工需要 iOS 程序员、设计师、网络主机和支付处理，我们会尽力帮助他们解决这些问题。或者他们可以注册我们的"孵化周"，这是为期一周的密集训练，在其他开发人员和设计师的指导下，在一周结束后他们能够发布一些成品。一旦他们建立了一个 MVP，他们就可以使用财捷实验室网站获得他们的第一个客户。

问：**财捷实验室有具体的办公地点吗？**

答：没有，它更多的是概念上的存在。这是一个友好的地方，专门为那些从非结构化时间项目中成长起来的创意和那些未能得到管理层支持的团队而存在。

问：**你如何保持创新不受部门政治、预算周期和其他典型的阻碍企业创新的障碍所累？**

答：这对我们而言非常难。我们一直以来都不断遇到类似的障碍。我简短的回答是，非结构化的时间从概念上可以消解一切障碍，因为员工可以自由地使用这段时间。如果有人要开发一个 Windows 手机应用程序，他们的经理也许会说："Windows 手机并不是我们的战略性移动平台。"但这不会阻止他采取行动，因为他在如何利用时间上有充分的特权。这让我们不仅从传统的应用程序，或许还能从一个拙劣的战略解放出来。几年前，我们最大的手机平台是 Windows 和黑莓，而现在所有都是安卓和苹果。我们经常要对我们未来的重点关注做出决定，但它们的改变有时太快，以至于事后看来，我们会意识到这不是一个正确的战略。非结构化时间的好处在于我们不受该策略的阻碍。如果有人有激情，他们可以努力去实现它，如果它行得通，它可以成长为一个公司的主要业务。

问：**员工如何获得薪酬？薪酬采用典型的初创企业的形式——初创企业的创业者们放弃一半的薪水以获得他们项目的股权是不是有效？**

答：我们并没有做什么特别的。当人们在非结构化时间工作时，他们的动机不是为了变得更富有，而是为提升了客户的财富生活带来的成就感和自豪感。善于创新的人将按照传统方式根据业绩获得薪酬。例如，一个产品经理可能会得到晋升。每年，我们都会发现在工作中创新并产生实际成果的员工。"斯科特·库克创新奖"就是公司层面的一个奖励。这项奖励专为表彰对财捷公司员工、客户和股东产生重要价值的员工创新。获奖者还可以获得三个月的全职或六个月半全职的时间，用于做他们想做的任何项目，因为创新者需要更多的时间去追随他们的激情。另外，他们也将获得一个特别的假期，去他们想去的任何地方。此外，我们还拥有"创始人的创新奖"。我通常都羞于提及，因为我是迄今为止唯一一位赢得这一奖项的人。我在 2011 年收到了价值 100 万美元的现金和股票，以帮助创建我们的支付业务。因此，财捷公司的员工也可以指望获得这个奖项，助力他们的创业获得巨大的成功，。

问： 你是否担心有创业家头脑的人会离开公司？

答： 绝对会担心。在我们的轮转发展计划里，我们希望找到那些刚从大学毕业、具有潜在的领导能力和创业家能力的人。当他们来到财捷公司时，他们往往会受到很大的影响。但像大多数千禧一代一样，如何能让他们长期留在公司的确是一个挑战，许多人在几年后就会离开。他们会说："我有这个想法。我宁愿在一家小公司工作，或者自己开始创业。"当然，到一家小公司冒险有利有弊。那些为了追求长久稳定职业生涯而留下来的人，会发现财捷公司吸引人的地方，作为一家不断成长的公司有很多机会能够帮助员工去推动他们自己的项目。

问： 你如何选择你支持的项目？你会优先考虑什么样的项目？

答： 这是一个我们一直期待的问题。我们一直在寻找最有能力做出 MVP 的项目。有时，一个团队很清楚它的目标是什么，而问题是有没有时间或支持让他们去做这件事情。这样的团队正是我们需要去帮助的。另一方面，我们可以看到，有些人的想法其实并不是很成熟。有时，我们会建议他们注册一个为期两天的内部活动——LeanStartIn，那样他们可以得到帮助，设计他们的商业模式，进行精益实验。在实验的最后阶段，他们通常会更好地知道自己想要建立和测试什么。100多支团队已经参加过该项目，他们已经成功地在8个月内产生了2 000万美元的收入。

问：项目如何得到资助？

答：我们通常会帮助团队发展到足够吸引人的程度，这样他们就可以向业务部门推介自己的项目，以获得资金的支持。极罕见的情况是，有些项目对公司来说，可能会是一个大的战略业务，但它却无法与我们现有的任何业务部门相匹配。我们也不想因为它不适合现有的公司结构而放弃这个想法。在这种情况下，我们最终可能会选择注资，并将它作为Intuit实验室的一个项目进行孵化。头脑风暴是一个很好的例子，这是一个生成创意的协作工具，最开始我们将它作为一个非结构化时间项目，在内部使用。几年前，我们决定把它卖给其他公司。这是一个小业务，它不能和我们任何业务部门对接，但我们觉得这可能是财捷公司一个具有发展前景的业务。

问：精益创业方法在这其中发挥了怎样的作用？

答：我们将精益创业方法应用于打造产品的过程。我们曾有过这样的争论：你是否在事前就清楚所有的需求，并想出了完美的计划和正确的架构，然后去建立它？还是你会将创意送达顾客并进行实验呢？这不再是个争论了。精益实验是我们使用的方法。

问：你会在项目获得大量利润前使用创新会计指标并追踪它们的进展吗？

答：我们对如何运用创新会计有些初期想法。精益创业方法极大程度地影响了我们开发新的应用程序的方法。我们做快速实验，我们重视数据而不是看法，我们寻找有效的方式去获得这些数据。

问：你怎么知道你的一个项目在何时已经实现产品／市场契合？

答：它现在非常具有定性了。在 SparkRent 面世一个月后，这个团队已经获得了十几个订单，因此他们对自己有一个很好的起步充满信心。另一方面，BizRecipes 发布好几个月后，虽然已经有了一些流量，但我不认为这个团队或者其他任何人会认为我们已确定该产品实现产品／市场契合了，随着我们不断地成熟，我想我们在做出决定时会变得更加严谨。

问：你是否整合了孵化、收购和战略投资，还是依然让它们独立运营？

答：现在它们是分开的，但我们一直在谈论如何整合它们。从历史上看，我们已经能够快速与外部企业形成合作伙伴关系，而一个伙伴关系可以在后来演变为收购。我们想让合伙制变成我们帮助内部创业更快发展的推动因素之一。至于如何让内部创业的团队与外部企业合作设计测试，运行测试，并决定我们是否想和该企业进行一些更为正式的合作，这不是我们今年的重点，但未来我一定会考虑这点。

问：你们的创新规模如何？

答：我们的目标是让一半的员工使用非结构化时间，也就是说公司一半的员工都在做一些探索。这将转化为大量的活动。创新的规模化是为了教会人们创新的工具和技术，并希望他们不仅将这些技术应用到他们的非结构化时间项目里，也应用到他们的日常工作中去。

Chapter 2

第 2 章

创新的战略

近几年来，万众创新的环境迅速形成。不久之前，募资还是件很困难的事情，要想判断人们是否会为某个商品买单往往毫无头绪，开发新产品也总是缓慢而笨拙，吸引大批顾客的策略也耗资不菲。这些障碍随着投资明星马克·安德森（Marc Andreessen）的那句名言——"软件正在吞噬整个世界"而纷纷瓦解。

安德森于 2011 年 8 月在《华尔街日报》上发表了一篇文章，文章指出，越来越多的各式各样的产品和服务正在以数据代码的形式扩散。他表示，在互联网泡沫过去十年之后，基础设施终于为将软件直接抵达商业和顾客做好了准备，通过互联网，使其抵达笔记本、手机、平板电脑以及日益增长的样式繁多的所谓"智能设备"，如电子阅读器、腕表和媒体播放器。

图书行业是一个明显的例子。曾经几何，巴诺书店见证了爱书人蜂拥而至抢购最新畅销书的场景，现在这些爱书人从亚马逊网站下载电子书，在他们的 kindle 阅读器上阅读——不再有纸质书、不再有驾驶、不再有一砖一瓦的实体商店，同样的场景也发生在其他所有的出版行业——报纸、杂志、地图、音乐、电影和游戏，但是不仅限于此；Facebook 和 Google+ 这对兄弟正在取代人们以往面对面的社交活动；Coursera、可汗学院和 Udacity 正在取代学校；摄影已经通过手机和在线储存设备变成了数码记录；电话接口被 Skype、FaceTime 和 Google Voice 分而吞并。随着 3D 打印技术的快速发展和成本的日益降低，未来可以下载打印小孩并不是什么遥远的想象。家具不再是从当地零售店运回家或网上购买，而是可以进行打印。

通过各种无所不在的手机、云和社会网络所带来的软件升级，从根本上改变了创业者的生态。传统规则不再玩得转。任何创新战略都需要基于这个全新环境中的五大原则进行考虑：

1. 市场变化无法预测；
2. 小团队能创造无限价值；

3. 新市场是赢者通吃；

4. 速度是唯一的竞争优势；

5. 每一个成功的背后，都意味着无数的失败。

市场变化无法预测

克莱顿·克里斯坦森（Clayton Christensen）第一个谈到，颠覆式创新的市场价值在人们发明的时候往往无从了解，而今天却比以往更甚。尤其是在新的平台能让市场发生更加难以预测的变化。

克里斯坦森描绘出了颠覆式创新与维持性创新之间的明确界限，但是有些区别不再明显。如果很多新的产品不能被归入以上两类中的任何一类，便可被归类为波浪式创新（rippling innovation）。我们在精益创业圈内的好朋友布兰特·库柏（Brandt Cooperation）也认为，这个说法很好地描述了那些建立在作为开源开发平台的产品和服务之上的开发。

以 Twitter 为例，它创造了一种全新的沟通网络，改变了人们原本发送电邮、短信、浏览网页和打电话的沟通方式。Twitter 公司同时还通过应用程序界面（API）向外来用户开放了自身平台资源的路径。数十家公司已通过 Twitter 开放的 API 创建了自己独立的业务，比如 HootSuite、SocialFlow 和 Topsy。这些第三方公司可以通过 Twitter 达成自己的目的。他们无须去扰乱其他沟通渠道、窃走 Twitter 的用户或相互竞争，实际上，许多这样的公司除了应用 Twitter API 以外，并无共同之处。

通过这种方式，Twitter 平台释放的"开放"市场能量是无法估量的，其带来的结果也是不可预测的。Twitter 只是数以千计开放 API 资源的公司中的一个。这个名单还包括如亚马逊、易趣、Facebook 和谷歌在内的巨头以及数不胜数的小公司。任何一个 API 都有可能产生大量创新，从而激起变幻莫测的新市场的千层浪。巨大的机遇将会在你始料未及的时间和地点向你招手。

考虑到这些市场趋势的不可预知性，唯一明智的做法就是拥抱不确定性，并在不确定性上制定自己的战略。你只有通过不断实验去努力探索，才能在机会出现时立即发现它。你的企业也必须有充足的想法，并且足够灵活，才能够以各种可能的方式参与到新的投资中去。你的企业必须随时能够终止那些显示出极低市场潜力的项目。一家企业的创新经理的职责并不在于选择赢家，而在于创造机会让这些赢家真正出彩。

这听上去是否很耳熟？但事实并非如此，因为这与大多数公司的运作完全相反。还是让我们回到那四个原则，第二条是……

小团队创造无限价值

开发产品并将其打入市场，曾经需要庞大的团队和雄厚的支持机构，而今却不再需要。今天，小的团队能创造出远超于自身的价值，甚至改变市场的规则；想想 Anglelist 公司（一家 50 名员工、价值 1 500 万美元的企业）或者 Snapchat（21 名员工，市值至少 8 000 万美元，而且最近拒绝了 30 亿美元的收购）。在许多情况下，小团队效率更高。

在我们之前所从事的软件咨询职业生涯中，我们经常告诫招聘经理，即使只招既定的招聘人数的一半，或者更少，也要花费同样的人力成本。事实上，高精尖的小型团队更能迅速采取行动且更加灵活，能够对市场动向作出及时反应。一个小型团队能开发出一个简单产品，快速投放到全球消费者市场中去，并在一个月内创造出数以百万的价值。

新技术所驱动的高效率，为每个个体带来了福音，让他们能协调、达到原先可能要举全部门之力才能实现的效果。正如 Ruby on Rails 这样的软件开发框架，其对软件开发工程师所需要的数量将大大减少。

精益创业

THE LEAN ENTERPRISE
How Corporations Can
Innovate Like Startups

我们的朋友汤姆·普莱斯顿·沃纳（Tom Preston-Warner）、海厄特（PJ Hyett）和克里斯·万斯特拉斯（Chris Wanstrath）创立了全球顶级开源软件开发社区——Github。这家公司在 2008 年刚创立时，仅是 Ruby on Rails 中的一个应用。一年以后，Github 用户量达到 100 000 人，第三年，这个仅有极少员工的公司宣布已有 100 万个存储代码。2012 年 7 月，尽管这个社区仅有不到 100 名员工，但仍然有着令人惊异稳定的收入增长。Github 宣布了一个史无前例的（并不需要）1 个亿的 A 轮投资，这家成立仅四年的公司估值已达 7.5 亿美元。安德森·霍洛维茨公司主导该项投资，声称这是该公司最大的单笔投资。

系统管理员和 IT 人员听上去像是老黄历了。像亚马逊网页服务的云计算资源已经对普通程序员开放，无限的服务器机架和硬盘像魔法般触手可及。当你可以通过 Facebook 和 Twitter 推销你的产品时，没有必要兴师动众地调动整个庞大的市场营销部。当你可以在 App 商店、亚马逊、易趣或者 Shopify 上销售产品时，也就没有渠道经理的存在价值了。将制造服务外包，使得制造商品的人力需求大幅降低，建模也因为 3D 打印技术的出现而变得极其简单化。

老牌的公司仍然没能将我们说的这些内容吸收消化。2011 年，新闻集团花了 3 000 万美元招聘了 100 个员工，打造了世界上第一个 iPad 新闻客户端——Daily。这个项目掀起了一阵舆论喧哗，一年以后便倒闭了。同一时期，吉姆·贾尔斯（Jim Giles）和波比·约翰逊（Bobbie Johnson）联合创立了专为网站和 iPad 定制的电子刊物《Matter》。他们在众筹网站上筹集了 14 万美元，招聘了 5 个人，次年就将公司以未知售价卖给了 Twitter 联合创始人埃夫·威廉姆斯（Ev Williams），Twitter 将其并入到了自己新的出版创业项目 Medium.com 当中。

Instagram 被 Facebook 以 10 亿美元收购时，只有 13 名员工。同样地，Mailbox 也只是一个仅有 13 个人的团队，被 Dropbox 以 1 亿美元左右的价格收购。还有一些企业家，单兵作战也创造出了类似成绩。瑞典软件开发者马库斯·佩尔森（Marcus Persson）独立开发的《我的世界》（*Minecraft*）游戏，成为了风靡全球的电脑游戏，售出了 1 300 万个游戏副本，零售价为 26.95 美元。17 岁的莫斯科高中生安德烈·特洛诺夫斯基（Andrey

Ternovsky）创立了"聊天轮盘"（Chatroulette），之后迅速成为视频聊天顶级 App。这样的名单还会继续。

这样的小团队所带来的影响之一就是使竞争变得更加激烈了。过去，你可能需要雇用一个 50 人的团队来对抗一个竞争者，而现在尽管这个团队可以只需要 5 个人，但是有太多的技术高手让你的竞争对手一下变成了 10 个。同样，成立竞争公司的成本也在急剧降低，从而让你有机会以极低成本创立足够多的新创企业。

随着小团队创造价值能力的逐渐提升，公司的内部创新也得以在一个仅有两三个人的团队基础上组织和运行。没有必要再在过多的人员和组织方面花费大把的金钱，而小团队凭借外包的力量补充，能提升该企业的创新能力，产生新的想法、落实并将这些想法发展成为可以推向市场的产品和服务。

新的市场是赢者通吃

除了竞争极大地多样化，另一个新现实是：只有一家公司能成为新兴细分市场的老大。亚马逊、易趣、Facebook、谷歌、LinkedIn、奈飞、Twitter、Uber、Youtube、Wikipedia 和其他一些互联网巨头们，并没有真正意义上的竞争对手。同样的情况也会发生在接入互联网的硬件产品中，如 Fitbit、iPad、Kindle、Nest 和 Pebble。

在这个相互连接的世界里，充分利用网络效应的企业往往更具优势（经济学称之为需求方的规模经济效应）。根据梅特卡夫定律［以 3Com 公司创始人罗伯特·梅特卡夫（Robert Metcalfe）的名字命名］，一个网络的价值等同于该网络节点数的平方。一个网络的用户数越多，那么整个网络和该网络内的每台电脑的价值就越大。例如，使用电话的用户越多，就意味着电话的用处越大。在线社交网络也展示出同样的特性：越多的人使用易趣、Facebook 或 LinkedIn，这些服务就变得越重要，同样地，竞争者们想要闯入这个领域也就更难。与网络连接对越来越多广义上的产品来说，变得愈加重要：通过 OnStart 联网的汽车、通过蓝牙连接的耳机、通过药物和保险网络连接的心跳监控、通过发电机连接的恒温器等——它们都服从该网络效应。

大型公司所倾向的思维模式是收购竞争者，或者重新开创他们自己的事业，并利用品牌推广、营销和渠道分销来赢得市场。而现在，这些战略不再行得通了。Craigslist 就是一个很好的例子。这个顶级的分类广告网站是出了名的用户体验不友好，并且过时。很多公司都试图取而代之，但是没有一家能成功。这是为什么呢？究其原因在于，Cragslist 是公认的分类广告业内领军企业，它所拥有的用户基础产生了正反馈效应，所有的买家都在这儿，因此所有的卖家也在这儿，无限循环。

同样地，网络信息服从于类似的力量——明星效应。各行业的领军者都能获得不成比例的认可，不管是在娱乐、体育、政治、科技还是零售行业。这种现象让这些顶级公司如磁铁般，吸引来的不仅仅是消费者，还有资金、人才和其他最精华的资源。"分销渠道上的高端人才的细微差别体现在销售收入上可谓'差之分毫，失之千里'。"经济学家舍温·罗森（Sherwin Rosen）写道。

解释这种现象背后的原因却是令人惊异地简单。在分销渠道有限的时候，消费者没有挑选的余地，只能消费那些提供给他们的商品。然而，现在互联网让所有人都能平等地参与进来，并没有理由退而求其次。成为第一无疑是最理性的选择。互联网造就了明星市场，也让你在细分市场有了抢占先机的机会。如果你能拔得头筹，你的竞争者们要想追上你，便没那么容易了。

"新的市场是赢者通吃"这一原则，让企业创新者从被迫模仿竞争者的压力中解放出来。这个原则允许他们——不如说命令他们——从公司品牌中脱离出来，创造一些真正新的、具有颠覆式创新潜力的产品。这是引领市场唯一的选择，用解决尚未被发现的新问题的产品来获得早期的用户。创新应该能够让他们意识到上述机会，从而让他们的行动更加敏捷，以获得最大的优势。

速度是唯一的竞争优势

要想成为市场老大，最确定的方法是抢在其他竞争者之前进入市场。在《创新者的窘境》这本书里，克里斯坦森注意到，在由硬盘驱动的产业中获得巨大市场份额的公司，往往是那些在这项技术刚推出头两年就开发出产品的公司。他创作这本书的时间是 1997 年，在此之后，机会的时间窗口就只会变得越来越窄。

这种看法与商学院传统的观念相悖，后者认为，先驱者往往是冒着极大的风险。正如杰弗里·摩尔（Geoffrey Moore）在《跨越鸿沟》（*Crossing the Dilemma*）一书中提到的比喻——"鸿沟"，通常以特定产品或服务抢占新市场先机的公司，往往会跌入将早期采用者与普通大众分裂开来的鸿沟中。而后来的模仿者能够吸取先驱者的教训，成功吸引主流用户。在今天，这个看法不再正确。第一个抢占市场的往往是赢家。

科技这股强大的力量正驱动着人们成为第一个行动者。未来学家雷·库兹韦尔（Ray Kurrweil）发现，科技变革的步伐正在以指数级加快。在操作层面上，这意味着在新的产品还在开发阶段，研发科技就已经发生变革了。而等到用户准备购买该产品时，会有新的迭代产品紧随其后。同时，渠道分销也变得更为高效。产品吸引大量用户的时间周期已大幅缩水。经过 75 年，电话使用者才达到 500 万人，收音机花了 38 年，电视 15 年，Facebook 只用了 3.5 年。游戏《愤怒的小鸟》仅仅花了 35 天。在这样的潮流背景下，速度才是唯一真正的优势。

成为第一个行动者会带来三大好处：第一，你可以了解到用户的想法，并试着去满足这些想法。在你之后的任何跟随者都必须要攀爬同样的学习曲线。这听上去很简单，但挑战也是非常微妙的，特别是在用户交互界面的设计方面，你在这些交互页面上展示基础功能所采用的方式，可能会在用户接受和用户保有方面起到巨大的作用；第二，你将会直达早期采用者。这些人是你在市场中的立足点，我们在精益创业领域将他们称为"布道者"，因为他们将会在早期的大众中（更不用说媒体、投资者和人才）发挥至关重要的影响，将你的产品带到主流视野中。如果你能获得他们的信任和忠诚度，你的竞争者们将需要付出更艰辛的努力才能吸引他们；第二，当你第一个抵达市场时，所有的分销渠道都向你开启。媒体将会报道你的出现，社交网络用户将发布链接，而搜索引擎广告的价格此时也最为低廉。而对于后来者，这些渠道将会更加昂贵且低效。

我们不妨看看 Facebook 试图拷贝那些热门 App 的尝试。Facebook 创立了 Foursquare 的复制品 Places、WhatsApp 的替代品 Messenger 以及 Snapchat 的同类 Poke。它们都在原产品面世后的数月内发布，但均告失败。因为它们没有足够好到让人们不惜克服另择的麻烦。在谈到硬件产品时，微软的 Zune 就是一个更为明显的例子。在 Zune 面世前，早期采用者们早已有了类似的 iPod，而且 Zune 本身也不具备充分的理由让人们改变自己的使用习惯。媒体给它打上了"我也是"产品的标签，其热度迅速降低。它在沉没前，仅仅留下了一些涟漪。历史总是在不停重复。微软的 Surface 在对抗苹果的 iPad 上再度失败。

如果企业创新者需要等待资金、许可或者获得特定部门的关注，他们就是在进行一场双手被束缚的战斗。你必须赋予他们权力，去做任何持续了解用户需求、满足其需求的事情。这对绝大多数企业来说，无疑是一剂难以下咽的苦药。如何保护品牌？那些盈利的部门怎么办？如何避免急躁的工程师们打扰到顾客？那季报数字又该怎么办？以上所有的担心都不应该比追求速度更紧要，特别是当整个公司的前途命悬一线时。

每个成功的背后都意味着无数的失败

众所周知，创立初创企业或者投资初创企业，都不是一个具有确定性的赌注。即便是最有经验的天使投资人，也会纠结于令人烦恼的不确定性，而这种不确定性将会决定一个创业项目的回报。很少有或几乎没有天使投资人能得到超过 10 000 倍的投资回报。少数几个能获得 10 倍的回报。大部分会赔掉自己投资的每一分钱。迄今为止，即便硅谷最狡猾的投资者，也尚未发现一种能够提前区分哪种回报高、哪种回报低的方式。

在科技层面，天使投资回报依据的是幂次法则。Y Combinator 创业孵化器最有价值的新创企业是 Dropbox，2014 年 1 月它的估值达 100 亿美元，而这家公司其他投资项目的总和为 144 亿元。价值第二的是 Airbnb，其价值为 25 亿美元，而其他项目价值的总和则为 14 亿美元。这样的例子不胜枚举。换个角度看，如果从它的花名册中划掉一家公司，Y Combinator 的估值将会减少一半。

同样地，风险投资公司会投资 10 家初创企业，寄望于每家企业能带来 10 倍、甚至 100 倍的回报。其中一个项目的盈利就能弥补其他 9 个项目所带来的损失，这种损失被视为投资的成本。越早在公司生命周期的早期阶段买入，其潜在的回报上升空间也就越大。在天使投资中，你必须要投资一千多家初创企业，才能找到一家可以回报 10 000 倍的企业。

非常有趣的是，最好的投资往往是那些最初看起来不太乐观的想法。这似乎已成为一定程度上的共识：如果一个想法看上去很好的话，那么一定有公司已经开始做了。因此，你需要试试那些看上去不那么无懈可击的想法。Paypal 和 Palantir 的联合创始人彼得·泰尔（Peter Thiel）曾画过一幅维恩图，以展示这两个圈之间的重合部分。一个圈代表那些看上去不太好的想法，另一个则代表有巨大回报的想法。彼得·泰尔声称，十亿美元的机会往往就在这两个圈非常狭小的重合部分产生。

很多证据都能支持彼得·泰尔的观点。1876 年，西联汇款公司（Western Union）拒绝了仅以 10 万美元收购亚历山大·格拉汉姆·贝尔（Alexaner Graham Belly）的电话专利。我们再将时间拉近些，安德森·霍姆维茨（Andreessen Horowitz）的合伙人克里斯·迪克森（Chris Dixon）指出，Airbnb、Dropbox、易趣、谷歌和 Kickstarter 这些公司最初在他看来都不可能赚钱。即便是 Y Combination 的创始人保罗·格雷厄姆（Paul Graham）

也不能免俗："我最有价值的回忆之一，便是当我第一次听说 Facebook 时，我觉得这个主意糟透了，"他在自己的一篇博文中写道，"一个供大学生浪费时间的网站？这听上去像是一个十足的坏点子：一个给小众市场的网站，没有资金，做一些无关紧要的事情。"可以打包票，他必然非常后悔错过这个在 2014 年 1 月估值已达 1 550 亿美元的机会。

这个信息非常明确。如果你是从零开始创造出全新的产品和服务，你要去尝试很多创意，其中不少都会与你的直觉相悖，直到你发现那个真正行得通的。风投们经常谈论让他们发现潜在项目的交易流。而公司创新也需要产生巨大的创新流，或者发现那些可能成为数十亿美元的生意。你需要在短短几年中，接触数千个创意，把其中最有潜力的创意做到具有高度产品 / 市场契合。

这是精益创业至关重要的首要任务。

行动框架

相对于传统企业创新所使用的战略，这些新的创新规则意味着要采取一种比之更为宽泛、更灵活的战略。企业必须抓住大量的发展机会，来产生足够的创新流量，并采用一切可能的手段，在无法预料的市场变化中占据优势。

将这些选择设想为一个由控制和增长来划分的矩阵。公司既可设定不同程度的控制等级（公司控制得越少，越有上升潜力），也可以在动量的不同阶段发掘初创企业，以更好地判断市场风险（动量增长越快，风险越低）。这种体系涵盖三种战略方案：孵化（高控制、低动量）、收购（高控制、高动量）、投资（低控制、高动量）。

孵化

内部孵化的初创企业往往在开始时没有成长性，全靠创新团队从零开始创造，而那些孵化的初创企业迅速衰亡的风险也很高。另一方面，孵化器为企业提供了最大程度的控制。如果企业自己拥有初创企业，那他们可以通过赋予其完全的自主权以及待公司上市后的大部分股份来激励团队。企业的控制也体现在精选创新团队的能力，以及充分利用精益创业工具，让初创企业尽快实现产品／市场契合上。我们将在第 9 章中介绍如何管理孵化。

收购

通过收购独立创建的创业公司，企业可以充分利用初创企业已有的增长势头。初期阶段的初创企业达到产品／市场契合的可能性非常大，而如果企业能够认识到这种潜在的发展前景，那它就如同跳上了一趟高速列车一样，得以快速发展。越来越多的企业收购低成长性初创企业的动机只是为了获得他们的人才。这两种情况都能对初创企业的发展方向予以高度控制，但是这并不意味着不存在问题。企业的股权很可能会更加昂贵，且仅为创始人所有，投资者并不能共享。此外，收购后创始人的驱动力或许会减弱。我们在第 10 章中会详细探讨收购战略。

投资

战略投资让企业有机会进入高成长性的初创企业，这些企业也许并不能或不适合进行收购。少数购买高速成长企业的公司可能会获得丰厚的回报。例如，维亚康姆公司（Viacom）在 2005 年想竞购 Facebook，但扎克伯格却不想出售，维亚康姆最终没有获得任何股份。两年多后，微软公司耗资 2.4 亿美元，即 Facebook150 亿美元总身价的 1.6％入资 Facebook，在当时被认为是一个很离谱的估值，但在 2014 年 1 月，微软占 Facebook 的股权价值已为 24.8 亿美元（2014 年 1 月底 Facebook 估值为 1 530 亿美元）。我们将会在第 11 章中进行更详细的讨论。

最后，在低控制、低增长象限的战略也需要讨论。这些战略往往因与初创企业的松散伙伴关系而失败。例如，有着 150 年历史的当纳利集团（RR

Donnelley）是 Work-Bench 的主要赞助商，而 Work-Bench 是纽约市的一个 "后加速" 工作空间。那些已有资金支持和开发了产品的年轻公司会被 Work-Bench 邀请，参加一个为期 6 个月的销售新兵训练营，训练营结束当日也是"销售日"，当纳利集团的客户们会在这里听这些初创企业的宣讲。同样，SAP 为使用 HANA 数据库的大数据初创公司提供了一系列的资金、教育、指导和走向市场的支持。大众汽车邀请媒体和游戏初创公司参加为期三个月的 "Plug and Play" 计划，提供教育、指导并介绍潜在的资助者。亿滋国际（Mondelez International，原名卡夫食品）提供为期 90 天的加速器计划，并促成移动创业公司与奥利奥和趣多多等品牌建立联系。

大型企业认为这样谨慎的计划能帮助他们与初创企业交换软资产：如用户信息和洞察力、建立关系和创意方面的指导，以便能够帮助他们自己成为更具创新性的公司。但他们忽略了四个关键点：第一，作为创业者，创业公司不希望从企业学习。他们也不想要企业的钱，他们只想打败企业；第二，如果不能为参与者们提供获得成功的大量机会，那初创企业只会持观望态度，而不是参与游戏；第三，即使是最强大的公司，也不能为创业公司提供直接接触到早期采用者的机会，这些人对达成颠覆式创新有着至关重要的作用，而初创企业能自己更好地发现这些客户；第四，这些项目很少能让初创企业评估它们的价值。因此，企业的普通业务部门与初创企业并肩工作，又有何实际价值？它需要同时用风险和回报来衡量是否成功。可见，初创企业合伙制是一条曲折但却光明的道路，需要不懈的追求和持续不变的聚焦。

额外利益

孵化、收购和投资为企业带来了一系列的好处，超出任何可预见或不可预见的支出。这些战略的制定会产生如下好处。

洞察潜在的颠覆式趋势

你拓展的网络可以让你聚焦于新兴趋势上，否则这些趋势可能会被忽视。在种子阶段的投资能够为你开启一扇早期窗口，观察年轻创业者正在做些什么，风险投资者们在关注什么。风险投资公司 SV 天使的创始人之一大卫·李（David Lee），在记者问他如何决定投资什么时，他回答说他会和创业者交谈，了解他们的近况，如果几个创业者都在做类似的事情时，他就会开始寻找在这一领域的投资机会。

新兴商业模式的近距离观察

初创企业的作用是发现可行的商业模式，有时这些模式可以推广到初创企业业务范围之外的领域。就拿 Uber 来说，它是一家基于移动 App 发展起来的汽车服务商。该公司的成功已经引起了很多企业参考这种所谓的"Uber"模式，例如，BlackJet（私人飞机）、Clutter（自存储）、Homejoy（打扫房间）、Postmates（包裹快递）等。然而，只有 Uber 最亲密的伙伴才知道这一成功的商业模式的细节。

构建战略伙伴关系

收购与投资会成就各自拥有不同比例的战略价值的伙伴关系，为接近科技提供了便利条件，否则没有任何可以接触科技的机会。例如，通过收购 Facebook 的一部分股权，微软加强了其 Bing 搜索引擎与谷歌的竞争力。

与未来潜在人才的关系

初创企业的老手身经百战的过硬素质，以及他们为你的公司所带来的有价值的观点和经验，在某种程度上是普通 MBA 学生所无法比拟的。此外，一些创业孵化器，如 500 Startsups、Techstars 和 Y Combinator 已完成了一门严格的关于创业者基础知识的课程开发。你获得丰厚回报的多少取决于你获得世界级创业人才的洞见和思想的程度。

在未来人才中享有更大的知名度

选择在一家大公司工作的人，往往自我选择的是非创业家角色。他们不希望涉足任何风险，或者说，他们最坏的打算就是完成工作而确保不被解雇。而那些自己创业的人却与众不同，同样地，为他们工作的人也并非普通人。他们中的许多人通常不会仅仅做打工仔，他们正是那种公司需要吸引来进行内部创新的人。因此，必须让你的企业具有颠覆式创新精神，无论是通过孵化、收购还是投资，让你的企业成为一家具有前瞻性的企业，去拥抱创造力和冒险精神。

让创新助力你的品牌

不少企业品牌被认为是死板的、不与外界接触的。投资或收购一家炙手可热的初创企业，会产生晕轮效应：登上各大科技新闻网站头条，在自己企业网站上有了吹嘘的资本（一些大公司一有机会就会抓住记者大谈特谈创新，甚至不惜重资请记者写报道，哪怕是写软文广告也行）。就拿SAP 来说，2012 年 7 月，这家提供企业资源管理的德国供应商参与了对Box 的 8 100 万美元 D 轮投资。Box 是一家活跃的在线文件存储、同步、共享和协作的硅谷开发商，其首席执行官是一位魅力型的领导。这项投资和在其他方面的努力将 SAP 重新定位为一家了解云计算和企业软件的公司。

为了通过孵化、收购与投资等途径成功打造创新流，你需要为此专门成立一个组织。在第 3 章中，我们将阐述如何创立一个创新殖民地，这个创新殖民地由许多小团队构成，他们能快速发现市场趋势，迅速作出反应，并从最初市场 / 产品契合中拓展出更丰富多彩的创新。

布拉德·菲尔德

对话 Techstars 联合创始人布拉德·菲尔德

Techstars 可以说是行业的先驱者之一，是导师驱动型初创企业加速器。自 2007 年首个为期 13 周的项目开始，Techstars 已先后帮助创立了 100 多家公司，其中 90% 的公司已收到后续资金。现在，它每年都会在美国 6 个城市运作十几个会议，最近还扩张到了欧洲。与此同时，Techstars 也已经涉足企业内部创新，帮助微软、耐克、卡普兰、Sprint 和 RG / A 扩展其现有业务，并开创新的业务。1987 年，联合创始人布拉德·菲尔德（Brad Feld）在还是一个麻省理工学院学生时，就开始了自己的第一家公司，后来他成为了 Fitbit、Harmonix、MakerBot 和 Zynga 的早期投资者。在为 Techstars 做咨询和在 Foundry Group 进行风险投资之余，他还撰写或合著了 6 本与初创企业相关的书籍。他与我们谈到了有关企业创新战略的话题。

问：你是如何创立初创企业加速器，并且它是如何做到特许经营的？

答：我每个月都花 15 分钟时间与那些想与我见面的人聊天。2006 年，当时还是博尔德当地的创业者的大卫·科恩（David Cohen）约我会谈，并给我描述了 Techstars 的概念。我们当时拿不准它是不是一个好创意，但在与大卫·布朗（David Brown）和杰瑞德·波利斯（Jared Polished）交谈过后，我们给了它一个机会。它果然远远超出了我们最大胆的预期，无论从定性意义上还是定量意义上。与这些企业家一起工作，真是充满了喜悦和满足。到了第三年，我们共收到约 50 个来自其他城市的想要成为初创企业加速器项目的请求。比尔·华纳（Bill Warner）在波士顿拉我们去开创 Techstars 波士顿分部。随后我们又进军西雅图、纽约、芝加哥、圣安东尼奥、奥斯汀和伦敦。2011 年左右，我们做了第一个名为

"Powered By Techstars" 的公司内部创新项目，帮助财富 1000 强企业围绕自己的品牌、产品和技术构建企业生态系统。

问： 请问 "Powered by Techstars" 项目是如何运作的？

答： 许多企业搭建了平台，允许其他公司在其平台上拓展他们自己的产品。微软公司在 20 世纪 80 年代做了一项非常好的工作，Facebook 也已经做了很多同样的事情。然而很多公司却难以管理这种生态机制。并且，很多人在这样的公司里从未创过业，所以他们不了解一家初创企业的压力和动力。我们走进去，说道："我们这里有一个方法可以帮助初创公司在你的技术和设备基础上开发产品。"

我们对那些处于早期阶段的初创企业来说，就像是其接触大公司的界面，告诉他们如何在大公司内部工作。

问： 为什么企业内部创新无法像初创企业一般有效率？

答： 大型公司善于扩大他们现有的已成功的产品类别。正如克莱顿·克里斯坦森所写，创新者的窘境在于公司会极力保护自己的势力范围，而不是去颠覆它。几乎可以肯定的是，他们已从现有的成功产品中获得了最大的投资回报，而不是从颠覆他们行业的全新的产品中获利。你会看到这样的一幕一遍又一遍地在大公司重演，而且不仅仅局限于技术产业领域。究其原因：一部分挑战来自组织的构架方式，另一部分则来自激励，还有部分原因是公司内部的文化，即有没有能力使用精益创业方法，尝试新的东西，把它推向市场，获得客户反馈，并积极地进行迭代。而大公司却不是这么做的，无论是计划周期，还是获得预算都不是这么做的，与那些不想让你侵占他们地盘的同事打交道也是如此。此外，许多大公司将这类创新活动视为兴趣，而不是作为他们的业务的核心功能。这些对颠覆式创新都是巨大的结构性和文化性障碍。

问：**市场似乎越来越喧闹，市值数十亿美元的公司可以一夜蹿红，而企业的整个业务部门也可能一夜消失。创新团队应该如何应对？**

答：请记住，绝大多数卓越的企业是需要很长时间和大量资源的投入才能成长起来的。在高科技产业中，现有的大型公司往往会收购那些规模较小、具有快速成长性的公司，以扩大自己的团队和新的产品线。有些时候，他们会在需要技术团队时早期收购一些初创企业，而并不关心其产品、利润或客户基础。但其他公司，比如甲骨文公司，往往会购买成熟的公司，这些公司不仅有千万甚至上亿美元规模的利润，还有高质产品线。这种模式大体上可以满足大公司创新的需求。

问：**新的工具和技术可以让小团队取得以往需要大型企业部门才能获得的成果。这是否意味着小团队现在比大型团队更有优势？**

答：我一直认为，小团队更有优势。小团体具有比大集团工作更为强大的灵活性，不管这个团队是 10 人还是 100 000 人。你并不需要将销售部门分拆到大量不同的组织中去，但需要保证具体做决策的人数或为全新项目工作的人数是最少的。

问：**你建议团队的规模多大合适？**

答：从来没有神奇的数字，重要的是按照网络而非层级来设立组织架构，尤其是在新产品的开发和推出方面。我的整个世界是一个网络。Techstars 有 50 名全职员工、400 家公司、1 000 名创业者、1 000 个天使或风险投资人以及 1 000 名导师，那是一个庞大的网络。如果你要按照它的层级管理，那无疑将是一场灾难：电子邮件的 PPT 附件要发送给 37 个人。但是，如果你管理它的网络，人人可以自我管理，在那里，好的创意自然向前发展，而不好的很快消亡，你能明确地做出决定和调解矛盾。这是一种令人难以置信的力量。

问：**快速行动是否很重要？企业如何能做到这一点？**

答：快速行动和明确目的同样重要。我参与过的每一家初创企业都会在某些时候感到沮丧，因为他们的行动突然之间变缓了。他们不是真正地发展受滞，就好比原先没有任何流程，而现在眼前好像一下子多了很多流程，关键不是要毫无章法地快速行动，而是要积极地消除障碍，用轻松的方式让事情进展顺利，并让决策过程变得更为迅速。

问：近年来，许多创新都导向一个赢家通吃的市场：谷歌、Facebook、Instagram 和 Airbnb。新兴市场中的老二是否还有机会？

答：我不赞同这个主张。Facebook？还有 Twitter。Instagram？还有 Snapchat。不过，我相信，在某一特定行业内，绝大部分的好处都会归于前两名选手。如果市场再分割频繁，那排名第四的也有可能成为一个不同细分市场的头号选手。

问：在你的经历中，要有多少次创新的击打才会击出本垒打？

答：这其中的区别非常大。有些人第一次尝试便可以大获成功，而其他人在随后尝试了 100 次之后仍没成功，许多公司继续前行，完成了很多新的项目，也有其他一些公司一鸣惊人，然后便原地踏步，停滞不前。

问：创新变革所需要的财务要求如何？

答：创新所需的资金正在大幅下降。有几个因素都推动了这一转变：首先，设计、发展和开发新产品所需的技术基础设施成本下降；其次，你可以将抽象的计算基础架构到云主机提供商上，从瀑布流模式转型至敏捷模式，也会对降低成本产生巨大影响；最后，精益创业方法可以让你在创新的过程中，便能够知道市场的反应。围绕创新出现了一个令人难以置信的民主化倾向，现在信息来源多到数不胜数。而在五十年前，它是那些穿着实验室白色制服的人们花费巨大的研发预算的成果，是大型公司的专利。今天，它可以属于任何人和任何地方。

问：你能为那些寻求开发颠覆性产品的企业创新团队提点什么建议？

答：人们相信他们所拥有的资源其实可能并不存在，或者他们认为将获得某种资源，其实并不会。相反，他们在开始项目时并不一定清楚成功意味着什么。按照他们所遵循的路径和思路来看，他们应该是成功的，但他们的产品并没有成功。所以我的建议是，请务必确认你有什么资源可用，获得成功有哪些手段。

THE LEAN
ENTERPRISE

THE LEAN
ENTERPRISE

THE LEAN
ENTERPRISE

THE LEAN
ENTERPRISE

第 3 章

创新的组织架构

THE LEAN
ENTERPRISE

THE LEAN
ENTERPRISE

THE LEAN
ENTERPRISE

THE LEAN
ENTERPRISE

THE LEAN
ENTERPRISE

大型公司通常会尝试在现有的组织架构中进行创新，但它很少行得通。它的局限在于，公司的管理层将自己的想象一下子疾风骤雨般地直接落到执行层，让他们不知所措，从而影响产品的开发和营销的各个方面。我们经常与那样的创新团队合作，他们不能直接与客户交谈，不能在没有批准的情况下调拨资金，也不能冒失去工作的风险。我们曾听美国运通公司的领导说："我们不能这样做，因为它会让我们直接与财捷公司对抗。"但我们却听到他们的竞争对手财捷公司这样说："我们不能这样做，因为这不是我们擅长的。"

资源依赖、传统竞争力和品牌认同所带来的限制，对创造力和冒险都是致命的。追求创新的企业必须找到一种可以避开这些限制的方法。否则，他们将永远赶不上那些从硅谷、纽约、博尔德、西雅图和波士顿的创意工厂中所产生的创新。

创新能力必须建立在一个组织结构中。创新团队不应该考虑如何让想法获得公司批准或资源的分配。如果他们不得不这样做，那他们就已经不战而失去了先机。

制定颠覆式创新的目标需要一个全新的组织架构。产品、客户、市场和竞争对手与手头的工作无关。创新团队必须脱离企业身份，并被允许在公司架构之外运行。他们需要一个不仅允许还会鼓励他们超越现实去设想一个尚未存在的世界的组织架构。只有这样，企业才会在混沌中茁壮成长。

从臭鼬工厂说起

1997 年，克莱顿·克里斯坦森提出了一种破除创新障碍的方法：建立一个臭鼬工厂（Skunkworks）。尽管这个相对老旧的概念已随时间得以进化，但它仍然是大多数企业创新工作的种子。

臭鼬工厂

臭鼬工厂（以漫画《丛林小子》中描绘的一个偏僻社区附近的腥臭工

厂命名）由洛克希德·马丁公司（Lokcheed Martin）在 20 世纪 40 年代后期付诸实践，3M 公司、惠普、英特尔和其他公司紧随其后。这个想法是把整个组织中最好的和最聪明的人挑选出来，并让他们在一个单独的工厂中完成一项预先确定的战略优先任务。而洛克希德公司的 X-56A 飞机就是在该工厂生产的，这款快速小型飞机威胁到了该公司自己生产的大型飞机。由于臭鼬工厂研发活动往往会威胁到现有的业务链条，因此它们一般都会被要求保密，以免破坏公司的其他部分。

这种方法已在许多例子中被证明是成功的，其中包括风靡一时的 Amazon Web Services（WAS），但它却不利于颠覆式创新。首先，臭鼬工厂减慢了瀑布流式的发展，并且由于创新的保密性，他们所汲取的经验教训不会直接反馈到公司。他们可以有效地来完成特定的目标，但不足以保证企业在不可预测的市场变化和快速增长的竞争中生存下来。

企业内部创业

企业内部创业计划实际上是一个更为开放的臭鼬工厂。不同于落实战略优先化的项目，它的目的是将员工的创意商业化。它被广泛宣传，而非秘密进行，以鼓舞员工士气，发扬公司的创新精神。就像臭鼬工厂一样，这些项目往往按照瀑布流方式操作：有了一个创意，就制订一个商业计划，把它推荐到既有的业务部门，而后开发产品，并被该部门所吸收。因此，成功的标准是由现有的业务部门所决定，推动的结果则用于维持现状而不是颠覆式创新。通常，内部创业者会被卷入部门政治中。最终，迎合现有的业务部门便成了他们创新的主要动力，他们或许并不关心将其创新投入到市场中去。

高通公司所举办的创业节（Qualcomm's Venture Fest）是内部创新一个很好的案例。2006 年至 2011 年间，这家财富 500 强企业之一的无线技术开发商从公司内部挑选了 550 个商业计划，旨在产生颠覆式创新。通过同行和专家评审认为最有潜力的员工，将进入为期 3 个月的新兵训练营，让他们打磨自己的想法。据运行项目的里卡多·多斯·桑托斯（Ricardo dos Santos）称，大约有20%的商业计划会被引进到现有业务部门加以实现，也就是数百万美元的投资。

高通创业节产生了很多有趣的创意，其中有廉价游戏机控制手柄项目Zeebo，其公司在2011年关张；移动增强现实平台项目Vuforia，仍在积极开发中。不过，这些企业大多依附于现有的公司组织结构。员工不知道如何带领他们的项目向前发展。管理者担心的是开放式的发展会干扰他们的生产力补充。业务部门对不符合他们核心竞争力的项目兴趣不大。研发部（现在运行着创业节的后续项目）仅仅在一旁冷眼看那些相距甚远领域中的项目的笑话。

"我们在创造全新的产品和商业思想上的成功，却一头撞上了企业文化和组织结构的问题，以及我们根深蒂固的研发创新模式。"桑托斯在博客中写道。这其中的经验教训是，需要将颠覆式创新项目与公司政治隔绝，激励企业员工，并实施"风投般的、阶段性风投决策准则"。

创新实验室

最近，另一种新的趋势正在慢慢普及开来——创新实验室。这个部门集聚了一批领工薪的内部创业者，有一个自由的办公空间，可能看起来像一家硅谷的初创企业，办公地点很酷，有古怪的饰物、很多玩具和免费小吃。创新实验室可以抓住机会开发一些新鲜的玩意儿，但他们却无法衡量自己的成功。他们不能寻求外部的资金，所以他们会受公司季度预算的摆布。前景看好的项目可能会成为预算和政治压力的牺牲品，内在的压力会使这些企业最优秀的创业人才和那些本想要大展拳脚的人们止步不前。

施乐帕克研究中心（Xerox PARC）是一个典型的创新实验室。这个富有传奇色彩的组织成立于1970年，推出了一项又一项创新，包括图形用户界面、计算机鼠标和以太网。但是，它却没有将任何一项创新进行商业化，倒是像乔布斯那样的独立创业家采用了这些创意，并把它们实现出来。对于希望领先市场的企业而言，施乐模式并不是一个理想的范本！

我们认为创新实验室很少实现任何具有深远意义的成果。它缺乏真正的初创企业取得成果所需要的自主性、激励性、财务结构和大量有潜力的项目。企业需要一种新的组织形式，鼓励推动颠覆式创新以及推动市场成功的人。Techstars 公司创新项目提供了一种可能性。

精益创业

THE LEAN ENTERPRISE
How Corporations Can
Innovate Like Startups

另一种模式：Powered by Techstars 企业加速器

2011 年 11 月，Techstars 与微软公司合作首次运行 Powered by Techstars 企业加速器。数百名来自世界各地以及微软公司内部的团队提交了申请，于是他们从中选择了 11 个团队来参与试运行。这些团队被要求构思与微软的 Xbox Kinect 动作感应技术对接的新产品。每个团队获得 20 000 美元、Techstars 网络提供的导师以及 3 个月开发时间。

团队可以保留他们的创业项目 94% 的所有权和 100% 的知识产权。微软公司所拥有的股权是通过与 Techstars 的有限合伙制的形式达成的。3 个月后，小组举行了一个演示活动，他们向微软以及外部投资者推介他们的产品，团队被允许向微软和 Techstars 以外的机构寻求投资，事实上这正是其特殊性所在。没有一个开放的市场，他们的股权就不会被正确地估值。

恰巧此时，微软公司花了 500 万美元快速收购了其中的一个团队。而令人惊奇的是，这团队正是来自微软公司本身。不要感觉上当了，因为微软公司的高管们悟出了一些深刻的道理：企业现有的组织架构根本无法体现该团队的巨大价值。它需要通过孵化来产生。

从那时起，Techstars 又和微软举行了三次类似的项目活动，另外还和耐克、Sprint、R/GA 和卡普兰合作了类似项目。这种方法有四大优势：1. 它让团队在组织架构外自主经营；2. 它以其潜在的市场份额实行激励；3. 它让他们在自由市场上融资；4. 它聚集了大量的初创公司，从而发现其中一小部分可能的赢家。这样的话，未来的企业创新模式看起来不太像臭鼬工厂、内部创业项目或创新实验室，而更像 Techstars 的方法。

进入创新殖民地

欧洲殖民时期从 16 世纪延续至 20 世纪，希望获得经济优势的强大国家在遥远的海岸上建立殖民地。这些定居点一部分隶属于母国，但他们并不完全受母国法律的约束。那些搬到殖民地的居民和移民们冒着风险来换取自由、财产所有权，并有机会积累财富和获得他们在家乡无法获得的地位。许多人死了或返回他们贫困的家园，但那些没有返回的人则创建了新的国家。

我们喜欢用殖民地来比喻精益创业。我们为寻找颠覆式创新的企业提供了类似的安排。创新殖民地是企业的前哨，具有创业家头脑的员工、优秀的营销人员、工程师和外部设计师可以创造新的产品和服务，并将其带入市场，分享成功的果实。就像一个国家的殖民地一样，它接受企业以资源换取财务回报。它的功能是作为创业的荒野和公司之间的桥梁，为创业者开拓新的业务提供动态环境，同时让企业获得对新兴技术和趋势的新鲜见解。另外，创新殖民地不仅具有一个独特的身份，而且还具有渴望独立的和卓越的创新精神。殖民者的风险远远高于那些普通雇员所面对的风险，但潜在的回报更大。创新殖民地不是国家的，而是未来企业的种子，将不断成熟并凭自身的能力成为独立、强大的实体。

从一个脚踏实地、更精益创业的思路出发，创新殖民地是一个专门的部门，小的团队往往会专注于构思新产品，检验市场，并以更高的稳定性和更低的成本带领它们实现产品 / 市场契合。它有着来自最高执行层级的隐性支持，并将整个公司视为其产品开发运作的一个组成部分——事实上，它代表了一个重要的机会，即有创业精神的员工打破了传统的雇员 / 雇主关系。其目的是快速且廉价地测试大量想法的市场可行性，因此，创新殖民地可以作为有潜力的产品的第一个市场检验员。

创建一个新的组织以应对新的规则

一个创新殖民地应兼具设计工作室、创业孵化器、企业发展部以及投资基金的功能。大多数企业已经有部门履行部分或全部这些功能。不过这些专门的部门却没有被构架来与把控创新的新规则相匹配：首先，它们只是普通业务的延伸，由企业最高管理层决定继续哪个项目，这意味着它们无法应对市场的意外变化；其次，它们在企业架构中与其他部门一样，而不是作为小型的敏捷团队，可以快速移动并获得先发优势；第三，它们作为各自独立的部门，有着各自的职能和日常安排，不可能相互协调来对创新流产生统一发力。

创新殖民地不会取代这些部门，反而会通过不同的组织形式来增强它们。将孵化、收购和投资作为一个协调的投资组合来进行管理，可以让精益创业方法完整地得以实践，持续产生面向市场的企业。此外，在传统企业中，这些活动往往要以持续创新为导向，而持续创新需要保持适度的增长，颠覆式创新对其而言则是一个持续威胁。显然，持续创新是重要的，它需要继续下去，而创新殖民地则聚焦于将高风险的创意对准已被验证的市场。同样重要的是，它完全脱离公司的日常运作，并不会听从高层命令。它需要来自其他部门的充分合作——可以拿到数据、专业知识、原材料和智力资本，但不会影响其独立性。这是获得竞争优势和指数级收益最可靠的路径。

在一个固定的时间段内，创新殖民地有预定数量的资金，用于通过孵化、投资和收购将机会最大化：孵化赋予它最大限度的控制和拥有高成长的机会；收购使它能够发现其他的机会和经验丰富的创业人才；通过投资，它可以进入平时无法接触到的初创公司。

这些活动的累积效应是建立起一个由技能、资源、人才和创意组成的网络，从而使创新殖民地的价值在每个新节点上倍增。创新殖民地从集合成功的产品、收购和投资开始，不断吸引更多的创业者。它通过经验和数据累积使其活动更有效，从而增加吸引力。它孵育的产品越多，投资越多，收购越多，组织也就越有价值。随着时间推移，它将在其创新理念范畴内，在早期价值创造方面形成垄断。如 Y Combinator、Techstars 和 Betaworks

等组织已经完成了这个网络的搭建，并且产生了巨大的回报。它也可以为你的企业做同样的事情。

这个网络填补了成熟产品和服务的漏斗。在漏斗的宽端，创新殖民地往往会在观察投资环境后，发现有前途的趋势，梳理创业社区，确定收购目标，培养有潜力的人才，为市场中未得到满足的需求找到假说以及实现它们的方法，并进行实验验证或证否假说。在漏斗的窄端，创新殖民地提供了经过市场检验的业务，每一个都有经过验证的原型和商业模式。这些企业可以独立出来成立分公司，作为新的经营部门出售给企业，出售给现有的业务部门，或出售给其他企业。

自主性

不受母公司约束、完全自主的需求是最重要的。创新殖民地应该被安置在一个独立的办公地点，可能离母公司会有一些距离。收购的公司应该被允许留在他们原来的办公地点，而不是被迫进入殖民地或公司总部。

实现自主比听起来要复杂得多。它不仅意味着有权限，而且还意味着有独立行事的能力，不管是心理上、身体上还是组织上。老板可能会坚持员工可以自由地做他们想做的，但私底下他们会有一个界限，他们认为的界限倾向于反映公司的历史优势和劣势。因此，要以任何可能的方式强调创新殖民地的独立性，这是很重要的，要避免传递混乱的消息。

也就是说，创新殖民地必须有它自己的品牌——这可是管理层视为眼中钉的问题。企业和创新殖民地品牌必须彼此相互保护。企业需要隔绝掉不良产品或执行所带来的品牌风险，而创新殖民地需要避免与母公司的品牌——可能被认为是过时的、保守的和无趣的——发生联系。在现实中，无论多么强大的传统品牌，对于快速增长的新企业而言都没有多少价值。想想那些在过去几年里出现的有活力的品牌：Airbnb、Android、Beats Electronics、Spotify、Nest、特斯拉和Uber——该名单很长。

同样重要的是，殖民地应该是一个独立的法律实体，与所有的初创公司有一样的发展轨迹。这样，他们就不会和企业内部的其他业务竞争预算，就可以自由分配其需要的所有权。

在强调自主性方面，创新殖民地与臭鼬工厂相似，但它是一种完全不同的实体：首先，它既不用从行政层面获取指示，也没有被命令执行不得不做的战略，可以自由地发现和拓展机会；其次，它不会公开宣称招募企业内最聪明的员工，所以它不会破坏其他员工的士气；最后，这不是保密的。保守秘密并不能帮助任何人更具创新性。创新殖民地与该公司的其他部门一样公开，正如开放平台和开源代码能够产生市场协同效应一样。

人员配置

创新殖民地首先要找到正确的人。这些员工在企业环境中不常见。他们非常具有创造力，精力充沛，目标明确，顽强而独立。他们的动机不是工资、自我陶醉或是假期和宴会，而是承担风险和收获回报。他们的目的是要去改变世界。

发现这些人并非易事。把那些没有创新创业头脑的人放入创新殖民地中，要求他们拿出新产品并没有任何意义。他们会认为它"违反了他们的社会契约"，这是我们中的一位愤怒的员工告诉我们的。对规避风险的普通雇员而言，成为殖民者不意味着跳入游泳池中戏水，而意味着坐上一艘鼠患成灾的大船进行危险的跨洋航行。因此，创新殖民地的人员招聘必须严格筛选候选人，这样才能获得全 A 级的创业家。

创新殖民地的领导层是一个小的执行团队，包括少数具备企业家精神和风险投资家风格的高管。这些高管们类似于风险投资公司的合伙人。他们向首席执行官和投资组合的董事会报告。他们管理的创新团队实质上是初创企业，他们拥有跨部门跨职能的工作权力。

管理层必须与创业世界有过密切的接触，并具备丰富的创业经验。理想情况下，他们应该同时具备商业、技术和设计的技能。一些风投公司会长期维系着一批企业高管和创业家，这无疑是一个选拔人才的好去处。

保持管理层稳定是一个巨大的挑战。靠薪水度日的员工既没有承诺在公司困难时期留下，也没有动力来提高自身能力。然而管理层必须愿意坚守，并有强烈动机。如果创新团队的领导者能像风险投资者一般思考，那么他们就必须和风险投资者一样将个人的血汗钱投入到他们投资的企业中。企业必须制定薪酬策略，迫使创新管理层投入自身利益并作出长期承诺（详见第4章）。

在管理层之下，创新团队包括三至五人，同样需要具备商业、技术和设计背景。小团队可以快速应对市场的变化，而我们已经看到，他们可以完成过去更多或更大的团队所做的事情。他们是跨职能的群体，避免了大型公司典型的窠臼。团队的每个人都会发挥所有的日常职能，尤其是在初始阶段：管商业的负责设计；设计师调整商业模式；技术人员掌握关键性能指标。另外，小团队的好处是速度。等待部门的批准或反馈信息足以让有希望的想法变成一个空洞的前景。

创新团队应该招募这种人：愿意承担个人财务风险换取收获奖励，能理解他们任务的特殊性质。其实，最有创意的和独立的员工会学习并自然而然地被吸引到创新殖民地中。我的一个曾祖父1900年独自一人离开西班牙时才刚12岁，行囊中仅有几件随身衣物。他将自己未来有可能继承的遗产变卖给了他的兄弟们，换成了一些现金，便跳上了一艘前往哈瓦那的船。你认为他是被要求去做这些的吗？

企业创新殖民地的存在，对那些准备离职的创业者们是一个颇具吸引力的选择，公司不仅避免失去有才能的、雄心勃勃的员工，还增加了利润（顺便说一下，如果他们离开，创新殖民地应该考虑投资于他们的创业企业）。

你也可以雇用那些经过适当培训、拥有技能和经验的公司外部人士。创业老兵通常不考虑为一家大公司工作。然而，创新殖民地的概念可以让他们三思而后行。你提供一个创新的环境，相当于一个初创企业，在那里，有更多的想法可以去实践，有更多的资源可以共享，也更安全。战略投资可以让创新殖民地获得初创社区志同道合的人的关注，你可以收购公司，引进那些有共同价值观、才能和经验的人才。

该殖民地的接受标准应该是透明的。应欢迎企业中的任何人申请，并应将政策明晰化：推介想法，终止初创公司，转移并入其他业务部门。那些资格不够的人应该知道他们需要做什么，以提高他们完全被接受的机会。这样，创新殖民地就变成了公司内部的一股推动力量，而不是一个滋生怨气的精英部门。

即使有高积极性的员工，大多数初创公司也会失败。创新殖民地本身必须容忍失败，因为这是学习的唯一途径，可以减少市场的不确定性。然而，失败可能会对一些团队成员，特别是刚适应新的殖民者生活方式的员工造成损失。因此，员工的参与应按季度更新，如果他们发现殖民地不适合他们，应允许其返回之前的岗位，为他们提供一个能让他们自由返回旧世界的社会安全网。风险承受能力可以随着情况的变化而起落，家庭需求也可以随着时间的推移而变化。一旦殖民地团队成员的初创项目停滞或卡在中间地带时，他有可能就会希望返回到一个虽无利可图但更可预测的位置。实际上，这是我们认为的作为一家精益企业关键的独特优势之一：足够多的位置以满足不同的功能区。公司应该给改变了想法的、想回家的人们找一个位置。

筹资

创新殖民地的最终功能是产生高投资回报率（ROI），因此它需要筹资。不过鉴于任何特定赌局都可能存在极端风险，资金应该有规模和周期的限制，以控制潜在的损失。资金应在周期结束前用完。到那时，殖民地即将消亡，领导人也会退休或开始另一个创新殖民地的征程。

分配预先确定的资金数额，对制造紧迫感以驱动创业企业是很有必要的。有限的跑道（runway）让每一个行动都有"决于死战"的意义。刚一开始时，用小规模的支出来验证创意是有意义的，比如说两年内分配500

万美元。除此之外，比较合理的分配是在 5 到 10 年间支出 2 000 万美元（一个典型的早期风险基金规模）到 1 亿美元，假设任何一家特定的初创企业不会得到超过 500 万美元的资金，那在此资金范围内，就能充分孵化几种产品或服务，或投资一些早期的公司和 / 或直接购买一些公司（详见第 12 章）。

保持有限资金的好处在于，缺少现金的情形将鼓励你不断向前并挑战更大的风险。最大的开销是收购一家已经实现了产品 / 市场契合的初创企业，但一般你会寻找尚未达到那个节点的目标。

这些数字应该和那些风险投资基金运作方式类似。风险投资基金一般收取 2% 的管理费，每年加收 20% 的附带权益。在一篇关于"联合广场风投公司财务结构"（the Financial Structure of Union Square Ventures）的博客文章中，弗雷德·威尔逊（Fred Wilson）勾勒出了一个典型的 10 年间 1 亿美元风险基金（不是实际的联合广场风投公司的数据）的状况：

总管理费：2 000 万美元；

总投资金额：8 000 万美元；

总体收回投资：3.22 亿美元；

总投资收益：2.42 亿美元；

毛估倍数：4 倍 3.22 亿美元 /8 000 万美元；

内部毛收益率：39.2%；

含管理费的投资回报倍数：3.2 倍；

含管理费的投资收益：2.22 亿美元；

含管理费的内部收益率：32.9%；

附带权益：4400 千万美元（2.22 亿美元的 40%）；

净回报倍数：2.56 倍；

净内部收益率：28.6%。

管理费占 2 000 万美元（每年 200 万美元），让 8 000 万美元的投资增长到 3.22 亿美元——投入资本约四倍返还。除了管理费用，该公司还有一个附带权益费用。附带权益是增收收益的 20%（2.22 亿美元）。总计 10 年后，合作伙伴将有 4 400 万美元的附带权益再加上 2 000 万美元的管理费，假设投资组合每年平均增长 40%，有三个合作伙伴，每个人平均每年赚 210 万美元，大部分投资会在五年内收回。

随着不断获得成功，你对自己创新能力的信心也会逐步加深，你会希望增加资金的数量。你会获得更多的注资、更大规模的管理费、更高的附带权益和更多你将不得不再投入运行的资本。没有什么可以阻止你从外部投资者那里筹集资金。如果你在投资初创企业，你将与其他投资者建立关系，当你发现自己有更大的资金需求，或者需要降低风险时，没有理由不召唤他们。

衡量成功

对于许多企业产品开发团队而言，测量产品成功的标准是其是否上市。而创新殖民地却有一套不同的标准。它的成功取决于它从高度不确定向确定的方向转变的程度。以下是一些观察创新殖民地发展的重要指标。

考虑创意的数量

早期阶段的投资法则是，创新殖民地需要从它所收集到的最大的有价值的创意池中去提取想法，对这些有价值的创意的评估总是带有主观性。最好的创意往往是可笑的，因此你不能基于本能作出判断，而是要凭借着自身的经验以及向经验丰富的企业家和投资者咨询，不断打磨自己的直觉，以判断哪些创意能成为你最好的赌注。很显然，你拥有的创意越多，你可选择的创意也就越好。

精益创业

THE LEAN ENTERPRISE
How Corporations Can
Innovate Like Startups

你所评估的创意数量很容易变成一个虚荣指标。加速器项目经常吹嘘他们收到的申请数量，并经常通过让申请变得方便的方式鼓励申请。不要贪求更多的创意，这会让你的标准降低。

实验运行次数

你的实验运行得越快，你就会越快了解潜在客户的需求，以及如何把他们未满足的需求转化为可持续的业务。财捷公司每一个纳税季运行8 000个实验，每一次实验都可以检测一个由顾客的需求、行为以及他们愿意支付多少钱所组成的假设，并得出一个经验证的认知结果，从而形成一个合理的资源分配基础，用于开发某一功能，而不是另一个。

这个指标很容易衡量。你可以数数昨天进行的实验次数，计算今天实验的次数，并将两者进行比较。数量越高，你就越能精确地定义你的市场、市场需求以及其盈利能力。尽管这并不是一个完美的对创新能力的测量，但实验计数是一个有用的指标，是一个评估创新殖民地是否成功的简单的开始。

单个原型成本

原型阶段（或密集的服务阶段）是一个重要的里程碑：它是你在此基础上建立基准指标的关键点。假设建立单个原型需要1至3个月的时间，创意到达这一阶段的成本至多5万美元。这个时间长度可以允许每个团队每年完成约6个原型的开发。

实现产品/市场契合的成本

这不是一个完美的指标，因为它保留了开发"模仿性产品"的可能性，其成本可能远远小于创造一些真正新鲜的东西。然而，和实验的次数一样，这是一个有用的指标，用以观察创新殖民地不断增长的能力，发现未满足的需求和设想真正符合他们的产品。其目标是为了随着时间的推移而减少成本。

最终投资回报

没有哪个指标比投资回报率更好的了。如果创新殖民地选择它的初创公司，并运行实验，它会发现付费客户未被满足的需求，创造新产品和服务来与之匹配，并为其建立可靠的管道。随着进一步的实验，它将让这些产品成为必备品。等实现产品／市场契合后，其产品将如独立日焰火表演里那些灿烂的火花般产生令人炫目的利润（好吧，也许那种特别的繁荣景象并不完全符合创新殖民地的想法，但你可以想象）。最终，投资回报率是企业创新真正的衡量标准。

里卡多·多斯·
桑托斯

THE LEAN ENTERPRISE
How Corporations Can
Innovate Like Startups

现实中的组织创新构架：对话高通前商业拓展部高级总监里卡多·多斯·桑托斯

高通公司已通过更小、更便宜和更高效的处理器移动设备，彻底改变了移动通信。但高通公司高管也承认公司的确需要培育颠覆式创新。作为公司的高级主管，里卡多·多斯·桑托斯把公司的建议箱变成了在公司核心竞争力以外发展商业模式的引擎。2006 年至 2011 年间，他创造了一个全方位的内部创业计划，包括一个为期 3 个月的新兵训练营、种子投资以及对现有业务部门的切换。早在企业内部创业计划和创新实验室潮流开始之前，他就实施了这一开创性之举，并闯出了一条有效的企业创新之路。

问：你是如何参与高通创业节项目的？

答：我从 2003 年到 2012 年在高通公司工作。2006 年，CEO 说："其他人也有创意。我们如何创建一个可以听到所有人想法的系统？"我想，这是一个从内部进行开放式创新的机会。

问：这个项目是如何运行的？

答：它刚开始是一个众包网站。员工传递他们的想法，管理层决定他们的喜好。但我们需要一种方式来推动他们前行，因此我决定从创业的角度出发。开发到版本 2.0 时，我意识到我需要一个想法和一个冠军——一个创业型人才愿意为了他的想法而抗争。当我在麻省理工学院时，看到在商业计划竞赛中，他们让商科的学生与工程学生们合作推介项目。那便是我想法的起点，随后逐渐成熟起来。我们收集公司内部所有的想法，并选定我们认为最有趣的想法。那些提出这些想法的人被邀组成一个小团队，参加新兵训练营，在那里，他们接受训练和指导，使他们有一个更好的机会说出他们的想法。最后，有一个星期面向高管的推介时间。我们曾指望一个业务部门投入资金给团队，让其有更大进步。后来我们发现，我们可以提出完全不同的东西，甚至是大学研究的技术。我们可以许可专利，购买创业公司，我们将不会依赖于任何我们已经开展的研发项目。让研发照常进行，我们有一系列其他的可能性。

问：精益创业技术发挥了什么作用？

答：我想让这些业余人士变成专业人士。我需要找到一个武装他们的方法，于是我开始寻找技术，我发现了精益创业方法。我们和创业公司一样，试图让投资者投钱。除非你开始迭代，否则你不会知道你得到了什么。于是我把他们当作初创公司，并教授给他们基本原则。尽管他们白天仍然要完成本职工作，但我将他们组成小团队并进行培训，以了解如何发现机会、做快速验证和构建原型。因此，那些举手的人说："我将在一个兼职的状态下，在高通实践这个想法。"他们成为了精益创业教学的接受者。我们请来了史蒂夫·布兰克（Steve Blank）、布兰特·库珀和其他人，向他们展示如何做到这一点。

问：高管们对此是如何反应的？

答：他们印象很深刻。他们从来没想到会一次性听到那么多好的介绍、路演和市场的实际反馈。

问：业务部门如何应对？他们挑选了最好的想法吗？

答：作为一名商业人士，我最感兴趣的是推动技术和商业模式都超越极限。小心你所要求的！公司尚没有准备好。每年都会有一连串的提案，其中一些提案要求业务部门全力支持，然而这些部门在自己已有的业务中已经并且依然很成功，于是反对意见就出来了。稍等！这些想法是什么？你以为研发是小菜一碟吗？你懂的，是政治。商业模式很难灵活转型，很难接受不是来自你自己部门的想法。我的头衔已经得到了太多的关注，这必然会招致"红眼病"。

问：你改变了你的方法吗？

答：我不断修剪和完善自我。刚开始时，我需要肯定这个想法是更具战略意义的，然后让那些支持该想法的人参与进来。有些东西最终会被公司采用。

问：告诉我你最大的成功是什么？

答：Zeebo——这个打算在发展中国家销售的廉价游戏控制手柄。它被分拆成为一家合资企业和另一家分公司。提出这个想法的员工最终加入该公司并成为首席执行官。不幸的是，它最终倒闭了。它的确实生产和销售了一些产品，但它并没有如愿地产生颠覆性。也许这是一个执行的问题，也许这是一个错误的概念，但他们尝试过了，投入了很多钱，他们了解了游戏市场，从手机平台也发展到了其他设备商。我最喜欢的例子是 Blur，后来成为 Vuforia，这是高通公司以移动为基础的增强现实平台。高通公司为此已付出了很多努力，现在这是一个巨大的计算机视觉算法的储备库，用于优化移动平台的电力消耗问题。目前，它正在寻找更多的变现方式和业务发展。

除了这些产品外，这位 CEO 对新市场有了认知，这是他以任何其他方式都了解不到的知识。即便这些项目只存活了几个月，也足够有意思。CEO 不用付钱给咨询公司就可以获得研究报告，他的员工交给他研究报告。CEO 可能会说："我之前并不知道车与车之间是通过 DSRC 协议沟通的。我需要多关注汽车 P2P。"

创业节的另一个好处是它给既有的研发体系注入了活力。它向研发人员发出了警告：你们最好提升你的创新能力，否则我们会倾向于这些业余者。你瞧，这些年来，研发人员开发了一些更酷更新潮的东西。

问：为什么高通在 2011 年结束了这个项目？

答： 最终，CEO 说："让我们把这个项目还给研发部门，让他们去掌控它，看看是不是事情会变得更顺畅。"这样所有的政治问题就被消除了。现在这个项目已经被更名为 ImpaQt，每年会开展几轮，应研发部门主管的要求，项目更加强调高层次的技术挑战。研发部门现在做后续追踪更加容易，因为这个项目属于该部门，而不是像我开展这个项目时，这个项目对他们而言，就是一个独立的、陌生的、公司层面的产品。研发部门也许不能跳出思维的局限，或同时考虑相应的商业模式，这样是危险的。不过这个项目仍旧对公司的全体员工开放，仍有一个准备期，高管们仍会观看项目路演。所以，高通公司并未放弃向所有的员工征集创意，并要求员工在创意基础上更进一步。另外，高通公司也明白他们所需的远远不止于一个几段话的建议，他们需要建立一个系统，让员工能够在其创意的早期阶段通过该系统继续完善，直至路演募资。这些前提仍然存在。

问：你如何评价这个项目的财务成功？

答： 我们举办创业节已经五年了，我们每年都向高管们提交一份报告，并请求他们继续资助我们。根据我的估算，我们产生了上亿个项目，为公司创造了超过 10 亿美元的价值，但这并不容易，我的预算范围包括培育创意、推动路演，并用奖金做一点后续跟踪工作。在那之后，这个创意将会被其他人所拥有并由其投入资金，所以我很难继续跟踪。Vuforia 的发展非常曲折，有许多人在其中发挥了作用，所以我将所有功劳揽至名下是极其危险的。我需要用这些成绩为下一年项目的开展去游说，但我必须学会不说："是我！是我提出的这一切！"

问：这些经历让你学到了什么？

答：产生创意本身是没有价值的，但产生创意并加速其实现则很有价值，因为在这个过程中，人们至少学会了如何处理新的机遇并审视其价值。为了给最好的创意一个实现的良机，人们需要一个基础孵化设施，这样就可以在一个专门的孵化器中进行。而项目一旦交接，就有可能面临"非我发明、不为我用"的问题，因此，项目孵化也可以在现有的业务部门内进行，在这种情况下，它需要不同的管理技巧和对此类项目的宽容。执行阶段似乎会很简单，但它也有可能是最复杂的，除非这些新事物能成为公司战略多元化发展的一部分。

因此，我们从中得到的教训是，企业需要全盘系统地思考他们该如何去创新。从某一要素出发，比如产生创意，或激励员工的创业家精神不乏一个很好的开始，这也许会产生一些有趣的创意提案，但你必须做好全面的后续跟踪工作。

Chapter 4

第 4 章

薪酬

创业家和绝大多数员工最根本的不同在于，他们是被两种完全不同的目标所驱动的：绝大多数员工受安全感、赞美以及有机会做他们感兴趣的工作所激励；而创业家则是被自主性和创造力所驱动的。

哈佛大学的研究人员也已经发现的确存在两类创业家：一些人是被追求自主权所驱动，他们不需要依赖他人的主导，也不会在出现问题时责备他人，这类人往往会创立小企业，如零售商店和餐馆；而另一类创业家则是受需要伟大的成就所驱动，能够发现新的产业或建立大型公司，他们筹集数额较大的资本，建立更加雄心勃勃的企业，最终当他们取得成功时，能够对他们周围的世界产生巨大的积极影响（他们失败之后也会留下更大的陨石坑）。

然而，第二类创业家就是你想要吸引和培养的那类人。围绕着这一类人会有各式各样的传奇故事，但其中很大一部分是基于他们的现实经历。他们放弃稳定的薪水，住在父母的车库中，从朋友和亲戚处筹资，承担着巨大的债务，一而再、再而三地不断推介自己的产品，拒绝接受任何否定的答复，也正是这类人会经历巨大的曲折，创造出新的产品，并把它们推向市场。

向上驱动型激励的力量

以成就为导向的创业家是你的创新团队所需要的那种人。然而，他们几乎从来没有想过为老牌公司工作。这并不是因为在公司工作所面临的挑战要比生活在潮湿的地下室、靠拉面为生更大，而是因为为企业工作不可能让他们通过高风险换取难以想象的巨大回报。对他们来说，获得让人艳羡的薪酬、固定的工作以及巨额奖金都是在浪费时间，不是因为薪水不够，而是因为风险／回报不符合他们的世界观。他们会为了获得指数级的回报而不惜一切代价。形象地说，就是他们会冒 99% 破产的风险，来获得 1% 可能为世界定规则的机会。

比兹·斯通离开谷歌公司的同时，也放弃了 200 万美元的股票期权。相反，他选择了一家新的合资公司 2% 的股份，这家新创公司是从先前失败的播客网 Odeo 中分离出来的，它就是 Twitter。截至 2013 年 9 月，Online Mail 估计斯通的净资产将介于 2 亿美元到 20 亿美元之间，这就是他用错过 200 万美元股票期权的代价换来的。

对于像斯通这样的创业家（见附文）来说，常规的薪酬体系是起不了作用的。他聚集了一批有才华和有自我驱动力的人，创建了一家一年内价值数十亿美元的公司，因此即使是六位数的薪酬和股票期权对他而言，也都是毫无意义的。他们没有动力把自己卓越的创意免费赠送给付工资的企业，他们自己可以赚更多的钱。

这也就是说，如果你想让那些成就驱动型的创业家代表你的公司创新，你需要慷慨许诺给他们上市后的大量股份。那些拥有好的创意，并愿意抛洒热血、汗水和泪水，让想法成为现实的人，不需要任何其他的方式。等一下！你要去哪里？别担心，它对于企业也同样有意义。管理层不可能分清楚，这个创新团队是不值其支付的工资，还是这注定就是价值数亿美元的项目。唯一合理的报酬模型是按照他们所创造的价值来支付报酬。

在一个私营的且还没有设置一个独立创新殖民地的企业中，提供股权激励的可能性不大。这样的案例就需要创造力了。私企赫斯特娱乐部门的联合负责人乔治·克里夫科夫（George Kliavkoff）设计了一种代替股权的利润分红模式。尽管对处于早期阶段的初创企业来说，这样的报酬方案可能会适得其反。你并不想要创新团队在确定自己的产品达到产品 / 市场契合之前，就以利润最大化为导向。

向上驱动型激励在创新殖民地无处不在。每个相关人员都需要在一定程度上参与，从总经理到创新团队，从收购雇用的企业员工到支持团队。让我们来看看为每个类型的员工而设定的高薪酬激励公式。

总经理

创新工作室的总经理相当于风险投资者，他们的报酬也应以同样的方式组成。他们不应该被收入而应是被他们所管理的创业公司的潜在上升空间所激励。我们假设他们有过创业背景，他们会习惯这种安排。

典型的风险投资者的收入由两部分组成：业绩提成（净回笼份额）和包括管理资产百分比在内的管理费。通常的计算公式为 20% 的业绩提成和每年 2% 的管理费（见第 11 章）。

管理费有点像工资，不论其基金是否每年都增长，接受方都能领到。因此，一些观察家认为这具有侮辱性，有些企业也按照自己的方式，将管理费捐助给慈善机构或者把它们花在创业公司上。在企业孵化的创新殖民地中，公司把所有或几乎所有的资本都投入其中，资产管理相比风险投资公司要简单得多，后者需要从一些合伙人和有限合伙人中筹得投资。在这种情况下，2% 的管理费就显得高了些，因此，1% 的年度管理费更为合适。在一项 2 000 万美元的投资中，20 万美元的管理费由三名总经理分摊，每人每年能领到 67 000 美元。这个金额将随着他们证明了自己的成功和投资数额的增加而上升。

总经理在基金退出 5 年后能拿到 20% 的业绩提成。到这个时候，很多初创公司应该已发展得非常不错了。

创新团队

创新殖民地的总经理好比风险投资者，而它的创新团队则如同企业创始人，他们的薪酬也要有相同的模式。创始人通常会拿合理工资的 50% 外加 20% 的普通股股权（雇员入伙后，创始人通常会为其提供 90% 的薪水，以换取以优惠价格购买股票的权利。）

创新团队成员也应拿 50% 的工资，以及他们的创业公司的所有权（见第 9 章），同时附带"他们所持有的股权加起来不小于 51%"的限制性条款。这种安排在保证他们的安全性的同时，也维护了他们的自主权力，并赋予他们强大的驱动力，让他们持续不断地去尝试，直到打出一个本垒打。你给他们机会去尝试改变世界，并在这个过程中创造出财富，他们应该愿意牺牲舒适的生活以换取机会。与此同时，你的报酬必须要高于机会成本。如果他们要离开，你必须要在企业内部给予他们比可能会从投资者那里得到的好处更多的东西。创新殖民地应该鼓励团队成员采用股权交易工资，直至他们风险承受能力的极限。业绩压力也是神奇的创新催化剂。

那些不完全认为自己是创业家的团队成员，可能会在艰难的时刻退出。他们的离职对企业而言成本过高，这意味着在失去专业人才的同时，也会失去团队精神和动力。为了阻止其离职，你应随着时间的推移逐步授予其股权。在初创企业，典型的做法是创始人所持 20% 的股权每年以 5% 的额度在四年中分配。这种安排通常包括一个为期一年的被称之为"悬崖"的观察期，也就是说，在一年内离开该公司的团队成员必须放弃其全部股权，这样就避免了有人可能会在几个月得到公司大量股权后扬长而去。第二年的第一天授予 5% 的股权，此后按天计算。

收购

打算收购公司和 / 或其产品（而不是员工）也为薪酬带来了具有挑战性的问题。我们在早期收购（第 10 章）中会具体讨论这些细节。正如我们强调的，一个关键的问题是要给予创始人，特别是创始 CEO 足够的激励，让他们留下来为该企业工作。对于一些创业家来说，收购不是胜利，而是一件令人沮丧的事情，他们首要关注的是成功。薪酬方案必须考虑到这一点。

在企业内或 / 和创新殖民地内，被收购公司的创始人可获得现金加股票的组合薪酬。要谨慎地使用这种不鼓励创始人退休的方式。锁定期和额外对价（earnouts），即著名的"金手铐"，不乏是一种有效的手段，能让你的关键创始人在创新殖民地里尽可能地长期工作。

联合聘用

在那些针对人才，而不是产品进行的收购中，初创企业本身不会在所有权变更后继续生存下来，而其工作人员将成为收购公司的一部分。这些人将成为创新团队成员，应该按同样的方式给他们付薪酬：传统 50% 的工资加一部分股权。收购价格中没有被投资者拿走的部分将按照锁定期条款在团队成员中进行分配。根据收购条款，他们也可能会按年度获得留任奖金。

初创企业是一个紧密无隙的团队，最重要的是要避免破坏这个团队。因此，对于那些非创始人员，最明智的做法是增加非创始人员实际到手工资的百分比，并提供给他们购买股权的选择权。

其他人员

在孵化创新殖民地的早期历史中，可能除了总经理和创新团队之外，无需更多的人员。但随着公司业务的增加，雇用其他员工可能是最划算的投资。内部法律顾问可加快收购和投资的步伐；人力资源管理可以解放管理者，让他们专注于创新；媒介关系可以管理社交媒体和其他对外联络。这些人并没有发挥创业家的作用，因此他们可以按全薪聘用，并拥有企业和／或殖民地的股票期权的选择权。

乔治·克里亚科夫

企业创新的薪酬机制：
对话赫斯特集团娱乐部联合总裁乔治·克里亚科夫

成立于 1887 年的赫斯特集团见证了电影、电视以及互联网的到来，成为了一家典型的多媒体集团，其经营的主要兴趣在于报纸（15 份日报和 36 份周报）、杂志（如《时尚》《时尚先生》和《奥普拉杂志》等）、有线电视网（A & E、ESPN、Lifetime 以及历史频道）和广播电视网（29 个电视台）。

THE LEAN ENTERPRISE
How Corporations Can
Innovate Like Startups

乔治·克里亚科夫在 2009 年加盟赫斯特集团。他曾是美国职业棒球联盟执行副总裁和 NBC 环球首席数字官，有过数项备受瞩目的成就，其中包括葫芦视频网站（Hulu）、一家由 NBC 环球、新闻集团和迪士尼 ABC 合资的企业，以及一个领先的商业在线电视渠道。目前，他负责赫斯特集团投资部，也是赫斯特集团娱乐部的联合总裁。赫斯特集团娱乐部包括生产电视节目和有线电视网络的合资公司（ESPN、A＋E 和历史频道）。他和我们一起探讨了关于推动企业创新的激励机制。

问：**你有什么个人的创新方式**？

答：我通常不走寻常路，因为我一直在大型的传统组织，像美国职业棒球联盟和 NBC 环球等内部创新。赫斯特是传统的媒体业务，需要有创新来保护他们的现有企业，并拓展新的业务。大部分的破坏力量来自企业之外的大型企业，所以在大型组织内部做颠覆者并不常见。

问：**你是否觉得创业家和雇员有不同的驱动因素呢**？

答：伟大的创业家和伟大的员工是相似的，他们都想赢，解决实际问题，做有影响力的工作。但他们的差异在于关于薪酬的思维上。这也是重大挑战之一。

问：**为具有创业精神的员工提供特殊激励有多重要**？

答：当然，你必须要这样做，除非你不想吸引和留住有竞争力的人。具有创业家精神的人想要参与到他们所创造的价值当中。你必须提供具有竞争力的条件，因为他们在这家大型企业之外有同样多的机会。薪酬对吸引和留住合适的人才非常重要，与此同时，你得确保在雇用到第一个人之前，其他的事情也已到位。

问：你指的其他事情是指什么？

答：我有一个五件事情的列表：第一，在任何一个大型组织，你需要
获得自上而下的支持。CEO 和董事会都要支持你正在做的事情，
否则注定要失败；第二，你必须有能力和拥有组织支持去建立一
个独特的结构，比方说，创立一家新公司或与你最大的竞争对手
之一组建合资公司，你必须要接受那些在企业内部认为不适合的
结构；第三，物理隔离是很重要的。一个大型企业的新创项目要
想取得成功，就不可以与母公司同处相同的物理位置和建筑中，
因为它是为了试图颠覆现有公司而存在的。美国职业棒球联盟位
于公园大道，棒球联盟高级媒体中心则位于市中心的切尔西市场
一个狭小的空间里。我也会在很远的城市成立公司以创造物理隔
离；第四，你需要有耐心。你要明白，有些东西是不会立即增值的，
而你必须要不断投资才能获得回报。在一家私有公司这是很容易
做的。如果有股东想着季度回报，你就可能在其后的投资金额数
上受到限制；第五，你必须采取组合的方法，要理解有些项目会
失败。你必须接受这一事实。你不可以惩罚那些在失败的项目上
工作的人员。如果他们做了很好的工作，你必须接受它，继续
前进。

**问：回到薪酬上，企业如何让他们的初创公司的员工在前景向好后分
得一杯羹？**

答：有一些事情是可以做的，主要是围绕新创企业的组织结构。葫芦
网是 NBC 环球和新闻集团合资组建的公司，后来我们将一部分
卖给私募股权并创建了一个期权池，所以员工更像传统的互联网
创业家，而不是大企业高管。事实上，我们引进外部投资者的部
分原因是，我们知道他们会要求对互联网新创企业的管理团队进
行适当的激励，包括股权在内。这让我们能够吸引到优秀的 CEO
和团队。在美国职业棒球联盟中，我们成立了一家独立的公司。
每 30 支球队可以获得一部分股权，还有一部分是留给承担风险

的公司管理层的。

问：你可以在私人公司里建像赫斯特一样的组织结构吗？

答：在赫斯特集团，我们对任何人都没有股权计划，因为在我们所有的产品线上都没有股权可以分享。因此，我们必须提供同样有竞争力，至少不比那些工程师待遇差的激励机制。举例来说，我们已经提供了利润分享计划，类似于股权。部分利润每年会拿出来，初创企业每年都在盈利，为员工共享，所有员工都能在计划中找到自己的位置。在某些方面，这比直接给员工期权更具吸引力，因为它并不需要退出来换取现金，而且它并不是一次性发生的。基本上，它是一个特殊的奖金池，直接与企业的盈利能力挂钩，因此，该公司的利益和初创企业员工利益紧密相关。另外，它还具有有趣的连锁反应。如果你是该业务经理，每次雇用一名新员工并给予该员工奖金，你就是在稀释你自己和所有其他员工的份额。所以，只有当你认为他们可以增加整体份额且足以抵消稀释掉的份额时，才会雇用他们。

问：为创新团队和其他工人提供不同的薪酬方案是否会影响员工士气？

答：当然会。你已经拥有成熟的、完善的业务链，并能源源不断地带来现金，所以你一直能够吸引人才，而不用给他们期权。同时，人们在新企业能拿到 10% 的市场份额。你可以打开那扇门，但很不容易。你将会听到领薪水的部门头头问："等一下，我为公司努力工作，我运行这么大的资产损益表，为什么我得不到那 10% 的股权？"你必须要做好准备。

问：许多企业的 CEO 必然抵制内部独立出来的新创企业，将股权分给员工会摊薄自己的股票价值。你会如何回答他们？

答：葫芦网是 NBC 环球和新闻集团的合资企业，各占 50% 的股份，之后我们将 10% 的股份卖给私募股权。所以，是的，你可以说我们稀释了公司 10% 的股权。但我认为，引进外部投资者为一个尚未启动的公司带来了高估值，它为吸引并保留人才提供了合法性，它让董事会里的投资者脑子里考虑到葫芦网的长远利益，而不是为了媒介利益相关者而挤兑股权。因此，外部投资者带来的好处远超过弥补被稀释的部分。当美国职业棒球联盟创建其数字事业部——职业棒球联盟媒体时，它给了 30 支棒球队 90% 的股权，并保留 10% 股权奖励高管。如果给了 30 个棒球队 100% 的股权，那高管人才的水平就有可能会降低，整个生意也将会停滞不前。相反，它让蛋糕变得更大以弥补这 10% 被稀释的股权。如果你放弃股权时，没有得到好处作为交换，这当然是在稀释你自己的股权。但如果股权被用来加速整个初创企业的发展，并确保你有更好的人才来运行它，那么这种稀释是值得每日进行的。

问：初创公司的创始人通常需要 50% 的降薪以换取部分股权。这是不是企业内部创新的一种恰当的模式？

答：根据你要创立的业务性质，它可能会更好地吸引更多的风险厌恶型员工，或是风险宽容型员工。如果你是构建高度安全的个人金融网站，你可能想吸引风险厌恶型员工，这意味着你倾向于采用更多按市场标准的薪酬工资和一小部分上市股权以及利润分享。如果你正在构建令人难以置信的、颠覆式的业务，那就需要有人非常包容风险，此时你可能会想吸引那些愿意拿较低的工资和你一起拼搏，并和你一起共享公司前景向好时的利润。

从初创企业来的人们已经习惯了这种模式，但对那些正在经历他们的第一个创业项目的人而言，就可能是在赌博，但绝大多数创业都失败了。Facebook 和 Twitter 是例外。大多数人在风险投资参与的公司中从来没有获得股权支付的薪酬。因此往往是第二次或第三次创业的人会为了减少这种风险，保留前景向好时的份额和基于业绩的可变薪酬的模式。即使他们已经历了数家不成功的公司，他们仍可以称得上是伟大的创业家。

问：为什么大型企业不倾向于用薪水换取股权或分红？

答：这的的确确非常困难。对企业而言，这是沉重的负担，是不讨好的事情。这也可能带来失败，是大多数高管不惜一切代价要避免的风险。身为一名创业家需要理解，在一个投资组合中，大部分可能会不成功，也就是说你开始 10 件事，其中 6 件或 7 件都将失败。你必须愿意承受失败来迎接其他的成功。大多数高管在自己的职业生涯中，会试图避免失败，而不是接受它。这是一种完全不同的心态。

Chapter 5

第 5 章

愿景：创新理论点

一个创新殖民地的目的是将创新机会发展成为有稳定市场的产品。但是，这是什么样的机会呢？创新殖民地用什么标准来决定哪些机会值得去追求，而哪些一开始就需要拒绝？答案将取决于这个创新殖民地的创新理论。

你的创新理论是你有意支持的一系列想法的说明。它描述了特定的市场，你认准的在特定时间段内业务增长的支点（比方说，未来五年），并总结驱动你发展特定想法、投资特定公司或收购特定初创企业的信念。

许多投资者使用的类似工具也称为投资理论，本质上是同一回事。例如，联合广场风险投资公司的官方博客上写明其投资理论为："拥有忠实用户的大型网络社区，通过用户体验差异化，产生防御性的网络效应。"（完整的理论陈述可以在网上找到。）这一声明将引领公司把业务重点放在用户体验和可能带动巨大规模的网络效应上。

重要的是将理论与主题区分开来。一个主题指代的是一个广泛的领域，比如一个产业（教育、医疗和石油化工）、一项技术（移动、社交或云计算）或一个平台（iOS 或 Android）。它不会谈论任何涉及这一领域的生态。许多开发商和投资者会跟随一个主题。一个很好的例子是 Betaworks 和 TweetDeck 的开发者，TweetDeck 后来被 Twitter 收购。它的实时应用主题为其带来了巨大的成功。Betaworks 领先于该主题增长曲线的前头，让它拥有接触到顶级交易的机会，投资了 Airbnb、OMGPOP 和 Tumblr。

然而，跟随一个主题还可能导致对既有的机会墨守成规，而非深思熟虑地考虑其他有可能驱动成功的因素。当行业和技术成为趋势时，它往往会推动人们的从众心态。另一方面，一个理论可以让你广泛地定义你所感兴趣的业务，而不是考虑产业、技术或平台。它能帮你总结有可能导向成功的市场规律。

你的创新理论是机会过滤器，没有它，你的投资组合将会有偏离目标市场的风险。它同时限制了你的工作范围。从这个意义上讲，它是一个学习的路径。通过将投资引导到特定类型的项目上，你的理论就可以成为一个工具，用于评估你对市场的理解是否准确。随着时间的推移，它还可以帮助你掌握专业知识和模式识别，最终让你获得最大化的成功，并从失败中吸取宝贵经验。

理论也是与外界世界沟通的重要渠道。当人们了解你对什么感兴趣时，你的业务将聚拢一批志同道合之士，排除那些对你的项目不感兴趣的人，稳固的理论还可以激发人们产生将其变现的想法。

了解市场

一个可行的理论考量的是未来市场走向，而不是你的公司过去已被证明的优势所在。因此，商业的第一原则就是熟悉当前的市场。

理论最大的危险在于，它仅狭隘地专注于企业的传统业务。内部创业家倾向于将自己视为白骑士，并将自己的使命定位在延展公司目前的业务。这必将导致市场间的平衡行为，市场需要寻求颠覆式的、新的突破，然而企业仍在拼命守住它已经占据的领土，很多时候是不可能找到可以盈利的平衡的。如果企业身处一个不再增长的行业中，而市场却在不断向前发展，那就会被市场抛在身后，其客户群也不再快速增长，因此这有效地阻止了其获得高额回报。

另一方面，如果你的理论过于宽泛，你几乎不可能建立一个稳定的有关资源、联系人及可以应用到未来项目的专业知识的基石。为创新打造坚实基础的唯一办法，就是集中精力去慢慢了解一个定义清晰的领域。

你需要构建一个能让你朝着未来高成长方向发展的理论导向，它能帮助你从知名的孵化器、创业加速器和风险投资公司中获取灵感。早期的投资者往往能比其他市场参与者更好地挖掘到新兴的趋势，如 Techstars 这样的创业加速器就是一个很好的资源，尤其是当你可以成为导师之一的时候。这使你有机会参与企业路演，更早地了解下一代创业家的思维。另外，你还要学会识别成功的风险投资者，并去仔细研究推动他们决策的理论是什么。你通常都可以找到风投公司发表在其网站上的理论。

评价一个风险投资者的成功并非易事，因为游戏一直要到所有的企业退出特定基金时才会结束。关于这方面的信息源，我们可以从 CB Insight 和 MatterMark 这两个在线服务商所提供的数据库中找到，它们涵盖了私企的各类信息，如他们的行业及其投资者。另外，它们还提供实时数据，包括资本、资金来源、增长率、员工人数等，也有一些方便你进行比较和对比的分析。

这些信息可以帮助你拨开充斥在新闻和小道消息中的各种迷雾，看到关键性的指标。你可以了解到哪些风险基金在过去一年投资最多，哪些最有可能进行后续投资等。你还可以识别或避免风险投资僵尸——那些有能力开会却没有余钱投资的机构。有了这些数据和新闻报道，你就可以确定那些拥有最好的口碑和发展势头的公司。他们的理论和行动可以为你提供线索，让你关注到那些不容错过的趋势。

既然选择了几个信号基金，可以考虑加入他们成为有限合伙人。活跃的风险投资在不断募集新的基金，而如果你表示有兴趣参加，他们很可能会收钱让你成为有限合伙人。例如，如果你的创新殖民地集中在媒体市场，那你就可以加入投资初创媒体的基金。有限合伙人可以有机会参加年度投资者会议，并获得未公开发布的调研报告。这让你比任何媒体都更能接近新创企业的投资行为（见第 11 章）。

那些已经发表的研究报告也会对你有所帮助。例如，凯鹏华盈（Kleiner Perkins）公司的合伙人玛丽·米克尔（Mary Meeker）出版了有关互联网发展趋势的年度报告，为移动端桌面、网页和云市场提供了宝贵的见解。

构建一个创新理论

请记住，你的创新理论是一个有用的假设。它不仅是一个用来引导创新工作室活动的工具，同时还是一个学习的工具，它应随着你对市场的不断熟悉和创新殖民地能力的增强而得以发展和完善，成为一个由主要的利益相关者共享的实时文档。它首先从观察市场在近期内（如五年内）将如何变化着手，应与公司管理者所秉持的激情和信念相一致。

这就是说，创新理论通常围绕着团队、他们希望生产的产品以及他们的目标市场来不断演进。以团队为导向的理论或许是这样的："具有如下X、Y和Z特征的团队都可能产生一鸣惊人的产品。"而以产品为导向的理论，可能会是这样："有如下X、Y和Z特征的产品在企业客户中增长最快。"关注市场的方法可以产生这样的理论，如"正在以X、Y和Z的方式不断发展的市场将在未来36个月内经历巨大的颠覆"。

你可以让每位总经理拿出三个理论，并将其收集起来，从中找到共同点，然后敲定一个所有高管都能够支持的理论。最后，将它呈现给整个创新团队，直到每个人都认可。让每个人都可以往同一个方向使力是很重要的。

理论的执行

从这一点来看，是时候将理论付诸实践了。在开始执行理论之前，你必须对这个理论在现实情况下如何表现有一个清晰的认知。

如果你是白手起家，最简单的方法是投资成为几家有前途的风险投资基金的有限合伙人。你在建立内部创业、投资和收购的内部投资组合时，也需要构建你的注资人和创业家网络。最终，这个网络将为你捕捉市场变化提供宝贵的资源，你将会站在一个可以发现早期新趋势的位置上，将信号与噪声区分开来。早期风险投资公司（First Round Capital）的纽约和费城分部，作为其重要战略的一部分，具有不同的网络。它为分布在各行各业的创业公司投资了1.25亿美元的资金，这一宽广的投资范围可以让其合伙人接触到各类企业家和市场。

你需要用3至6个月的时间来打磨你的创新理论。让它指引你的投资方向，观察投资动向，然后对其作出修改，以便更好地体现出你所学到的知识。这有赖于你评估和加强理论的经验。观察其他公司决策对指导你的工作意义不大，因为你对于他们的决定是基于什么而做出的信息了解甚少。至于与精益创业相关的事情，其口号则是实验和迭代。

马克·苏斯特

对话 Upfront Ventures 主要合伙人马克·苏斯特

马克·苏斯特（Mark Suster）是美国最具前瞻性的风险投资者之一。他在加州大学圣地亚哥分校获得经济学士学位后，加入了埃森哲公司，为整个欧洲企业做系统整合。在芝加哥大学获得 MBA 学位后，他继续留在埃森哲公司专注于互联网和电子商务战略。1999 年，他成立了自己的第一家公司——一个为大型工程和建设服务的 SaaS 平台，后被法国 Sword 集团收购。2005 年，他在硅谷创办了自己的第二家公司，开发 Koral 内容管理系统，随后将其卖给 Salesforce.com 并担任该公司的副总裁。苏斯特在 2007 年加盟 Upfront Venture 公司，专注于投资早期阶段的科技公司，其中包括 DataSift、Maker Studios 和 Invoca。他的博客地址是：bothsidesofthetable.com。

问：你有什么个人的创新方式？

答：我是一个投资者。我的工作就是支持创新者。投资者们所犯过的最大错误之一就是他们认为自己有伟大的想法。在大多数情况下，伟大的投资者能找到那些天生就是创新者的领导才俊。作为一个创建过两家公司、工作就是寻找这些人的我，可以提供一种自己的观察。为了创新，你需要有强大的意愿去挑战传统规范。这比大多数人想象的更难做到。它可以让整个社会受益，但也会有输家。我刚刚与行业内领先的高性能摩托车设计师交谈过。他希望生产一种太阳能充电的超级摩托车，售价 15 000 美元。显而易见，输家是内燃机的生产厂家和石油企业。当你去对抗强大的行业就是如此，人们会反抗，并且这种对抗会很强烈。需要有一个像爱德华·斯诺登一样的人，知道要想对抗系统的唯一方式，就得采取戏剧般夸张的方式，即使这意味着巨大的个人风险，也只有这样，才能成为一名创新者。我看到太多的人始终不想让自己的美梦破灭，他们或从哈佛毕业或就职于高盛集团。他们不想去攻击现有的教育机构、行业或这个国家的基本原则。因此，他们不会真的去创新。

问： 在决定追求什么样的机会方面，创新理论或主题有多重要？

答： 拥有一个强大的理论支持是明智的。让我们来举个例子，移动计算技术定义了应用程序和系统是如何构建的，这是我们的传统观念，而且它也会继续这样发展下去。它因其体积小而改变了所有软件的属性，又因其所具有的个体私密性，使得它能够知道你的具体位置。于是，我们便形成了一个更高层次的理论，即移动计算技术将为那些颠覆了前移动时代所创造事物的人们提供投资机会。与此同时，目前有两大移动生态系统——iOS 和 Android，它们在很大程度上是由寡头垄断控制的。这些都将影响你如何看待渠道和其他相关事物。因此，我坚信开放式平台需要更加多元的发展。同时我也相信苹果公司那种试图主宰生态系统，通过其应用程序商店下载，而向每个人强制征税 30% 的做法不会长久。我相信更加开放的系统将会出现。因此，我会出去寻找可能的项目，如果人们有符合该理论的创新的话，我也欢迎他们来找我。

问： 我们谈到理论时，要避免哪些可能的陷阱？

答： 你必须考虑这个理论的范围是否过窄或过宽，并且要小心不要让你的理论过于武断。我所认识的太多理论驱动型投资者认为他们知道所有的答案。他们通常答案先行，然后再寻找相匹配的团队。他们通常会说："我们相信，无人驾驶飞机将对农业有一个颠覆性的影响。"然后再去寻找那些能够创造出符合他们所描述的东西的新创企业。这样做无疑太狭隘，他们应该放眼整个大格局。举例来说，我认为，电视在未来将会更加像互联网视频，而不是互联网视频看起来更像电视。我相信，22 分钟的模式已经死了。有质量的内容将大大减少，而人们也不会在乎。故事不一定需要是线性的，它们变得更像视频游戏。为此，我已经专门出书提出我个人对于视频行业的看法，期待着能得到人们的评价。但我不希望看到有人说："马克，我们知道你想要视频更像电子游戏。我们正根据你的理论创建一家公司。"我希望有人说："我们通过你的书了解到你，但我有个古怪的想法，视频如何通过3D 虚拟现实眼镜来传播。"

问：关于如何让理论不要太狭窄或太宽泛，你能否给些建议？

答：如果要完美地回答这个问题，我可能需要每年花两周的时间打磨高水准的想法，实验这些想法，并拿出 15 个投资理论来。但我不是那种人。

问：你如何去打造一个强大的理论？

答：这需要有一定的经验。我不认为你可以在真空中做到这一点。我作为一个创业者工作了很多年，并跟踪观察软件市场。我读克莱顿·克里斯坦森的《创新者的窘境》的时候，正在一家软件公司工作，我试图降低销售和开发软件的费用，我看到像 Salesforce.com 这样的公司是如何把这件事情变成现实的。因此，你必须保持开放，不断阅读别人的作品，深入思考，并试图将其应用到自己的世界中。

问：你的流程是怎么样的？

答：我会花时间反思市场，并试图从我所看到的数据中学习。当我要整理我所知道的事情时，我会制定规则；当我要写一篇博客，准备一个演讲，或者教授别人的时候，我总会这样做。然后，我不得不说："好吧，我到底在想什么？"我的思考通常是自上而下的，所以我倾向于从一些高层次的原则开始。芭芭拉·明托（Barbara Minto）的《金字塔原则》（*The Pyramid Priciple*）一书对我非常有影响力。她说，大多数人是数据采集器。他们认为自己最终会将所有的数据放在一起，它自然会显示出趋势，他们可以从这些趋势中提出假设，然后检验假设并形成结论。我的观点恰好与之相反。我相信，一个人的经验、直觉和逻辑，会让他有合理的想法归类。试想一个问题："电动车会导致什么地缘政治事件？"任何聪明、理性、学识丰富的人都可以拟出一系列高层级的假设，那正是我在做的事情。我会选择一些我有所涉猎领域内的主题，画出一个高层级的理论草图。然后，我会自上而下开始思考，以寻找证据来证明或反驳我的假设。就拿比特币来说，我认为货币需求的存在是为了帮助人们将货币跨越国界转移到社会不够开放的国家。我不知道这是不是真的。于是我搜索所有能够让我相信的资料，以接受此假设：第一，我需要相信，人们在社会不够开放的国家强烈认为，政府对他们个人的经济利益怀有敌意；第二，我需要相信，他们有足够的技术和知识并能进入系统购买、出售和转移比特币，并有理由相信这可能是一个合理的货币；第三，我需要相信，他们的技术能具备正确的加密水平，以至于政府不能破解它。然后，我会创造下一层级的假设。

问：你的理论是什么？

答：我的理论非常简单。我 70% 的投资是创业家驱动型的。我所支持的人，通常对于他们想创立的企业抱有很大的愿景，并且在该领域有着强大的专业背景，也因此比其他人更优秀，他们想要挑战已有的传统，创建宏伟的事业，当他们面对不可避免的挑战时也有足够的韧性，不会轻易放弃。很多时候，人们创立企业是为了出售，而我支持的是那些想要创立企业的创业家们。另外，我还会投资通缩经济。从根本上说，即使那些生产低价产品的公司，它们可能利润率较低，总收入较低，但它们能够创造更大的市场机遇。如果我们看一下互联网创新的历史，不管 Skype、谷歌、WhatsApp、易趣、YouTube，还是亚马逊和 Craigslist，它们都是通缩型的企业。它们都把成本压缩到极致，以便为消费者提供更低的价格，因此能够捕捉到更大的市场，使得后来者很难挑战它们。除此之外，我只投资我在行的领域。我看到了新兴事物的出现，例如，比特币、3D 打印以及其他一些颠覆性技术，但它们不是我所熟悉的领域，因此它们对我而言，不是好的投资。

问：是什么造就了伟大的投资者？

答：造就一个伟大的投资者的原因在很大程度上取决于一个人的动机以及驱动力。我可以告诉你一个关于好莱坞的小故事。15 年前，我曾去拜访过堪称世界最顶级的电影、电视节目和媒体包装公司老总。我们一起吃过数次饭，他问我他如何才能得到我的投资。有一天，恰好有一个在传媒领域中处于初期阶段的公司项目，于是我想他可能会有所帮助。他说："好吧，我想我可以介绍给他们一些在亚洲的大品牌。我真的能帮助他们拿到早期的广告收入。但这样做，我会从中得到多少钱的报酬呢？"我说："你得到的报酬为零。"他说："如果我得不到报酬，那我才不会去动用我所有的品牌和关系。"我告诉他："你得到的是这个公司的股权。这样做，你创造的价值在未来 5 年或 8 年可能价值 11 亿美元，你会得到它的 10%，而不是在未来四年分红得到 20 万美元。"好莱坞机构的激励机制往往是在前端而非后端。因此我不认为他们会成为优秀的风险投资家。

问：如何能让企业 CEO 成为伟大的投资者？

答：大型上市公司都是基于季度财报导向的。这也就是说，企业 CEO 在未来三个季度中可以抬升股价，以便他可以在自己的股票上赚到更多的钱。他是不会关心未来 8 年或 10 年企业的发展的，他甚至不能确定自己到那时候是否还在运营该公司。然而，风险资本是一个缓慢致富的行业。你要连续掏 5 年或 8 年的钱，并且你不会立刻赚很多钱，因为你可能需要平均 7 到 10 年的时间才能建成一家大型公司。如果你做得好的话，在第 11 年你可能会开始赚钱。然后，你必须在自己赚钱之前先把所有的资金还给投资人。它只是需要时间。我不知道这是否与企业的组织结构相一致。最好的企业投资者都在英特尔资本投资（Intel capital）或康卡斯特风险投资公司（Comcast Ventures），他们已经在公司内部建立了许多业务单元，其激励机制更像风险投资公司。

THE LEAN
ENTERPRISE

THE LEAN
ENTERPRISE

THE LEAN
ENTERPRISE

THE LEAN
ENTERPRISE

第 6 章

精益创业过程

THE LEAN
ENTERPRISE

THE LEAN
ENTERPRISE

THE LEAN
ENTERPRISE

THE LEAN
ENTERPRISE

THE LEAN
ENTERPRISE

直到今天，开发新产品仍然是一个基于过去业绩和直觉的偶然事件。公司别无选择，只有靠运气来实现产品／市场契合。一直以来，不管是新创企业还是一家大公司，新产品进入市场的标准路径都是一个长期而艰苦的过程。你需要确定产品，组建一个团队，然后进入隐蔽状态去设计、建模和制造它。你需要悉心完善产品的每一个功能，毕竟，如果它有缺陷的话，人们可能无法认识到这个产品有多么好和多么有用。然后，当它被不断打磨完善和准备完毕之后，你可以高调地召开新闻发布会，将你的宝贝呈现在可信任的公众面前。你那富有远见的天才和完美无瑕的执行力会轰动整个世界。评论人会为你唱颂歌，客户们会涌向经销网点购买你的杰作。利润源源不断地流向你！

或者并不是这样的。很多时候，产品面世后便消失得无影无踪，而所有的时间、精力和金钱都被浪费掉了，很可能就像你把所有的资金都压在了拉斯维加斯轮盘赌桌上一般。

埃里克·莱斯开创了精益创业方法以避免这种可怕的后果。莱斯借鉴了布兰克的客户发展流程、罗尔夫·菲斯特（Rolf Faste）和大卫·凯利的设计思维以及敏捷软件开发，还有丰田的生产系统也为其提供了在不确定中成功开发的方法。精益创业方法提供了一个可重复的方式，来确定你的客户是谁，他们想要什么，如何实现它，以及如何赚钱。

精益创业的核心是实验，将科学方法应用到经营中去。按照严格的程序，排除并减轻不确定性，你可以了解如何推出能与客户产生共鸣的产品和服务，因为它们经过了精心设计和测试，品质是有保障的。

精益创业的根本

在深入研究精益创业过程之前，让我们来看看它是如何从早期方法演变成为产品开发的。软件行业可视为一个值得参考的缩影。20世纪70年代，开发商根据从制造业和建筑业衍生出来的技术定义了瀑布流方法。这种方法确定了一个从产品设计、实施到维护的连续过程，其中每一步必须在继续做下一步之前完成。这种有条不紊的步骤，正好符合企业对季度报告和战略计划的需求，它的前提是拥有稳定的经营历史，使得你能够根据过去的业绩预测未来的表现。你可以知道谁是你的客户，他们有什么问题，他们需要什么样的解决方案。

到了 20 世纪 90 年代中期，瀑布流方法的弊端已显而易见。它相当于快速发展的技术流中一艘缓慢的驳船。此外，因在此过程一开始的时候就缺乏远见，创业者为此付出了高昂的代价，基于新的信息或变化来修订最初的规范，需要你不断回到原点，重复每一个步骤。

于是敏捷软件开发方法成为了一种选择。在这种方法中，设计不是一开始就被指定，而是随着一系列迭代短循环而发展，允许快速、灵活地响应条件变化。敏捷方法将编程团队从企业缓慢的官僚机构中解放了出来。这适合在互联网世界里制造产品，在这个世界里，信息会被迅速传播。然而，瀑布流方法的前提是你要了解你的客户和他们的问题。

自 2000 年以来，一个又一个颠覆式创新接踵而来：社交网络、云计算、移动计算技术以及可穿戴技术。变革的步伐早已超过了自上而下管理的速度。与此同时，很显然，初创公司需要一种与成熟企业截然不同的特殊管理方式。在史蒂夫·布兰克的经典著作《顿悟的四个步骤》（*Four Step to the Epiphany*）中，据这位曾数次创业的现任商学院教授观察，一家初创企业并不是一个公司的缩小版。公司知道市场在哪里，而初创公司不知道谁是自己的客户，他们想要什么，或者如何让他们付钱。他们需要以不同的方式将新产品推向市场。精益创业方法正是为了满足他们的需求。

限制

即便像精益创业方法一样强大，它们也并非没有限制。它们专为在极端不确定的情况下，将想法从概念开发到实现产品 / 市场契合而设计的。如果当时情形和所有条件都是确定的，那它们就不那么有效了。因此，精益创业过程可能不适合于下列情况。

- **传统项目。**已在运作中的传统项目，按照精益创业原则不太适合发展的。没有经过验证的决策使得项目不可能实现产品／市场契合。创新殖民地应该只接手新项目。
- **已经实现产品／市场契合度的产品。**密集实验对于产品的早期阶段发展是最有效的。一旦产品或服务达到产品／市场契合，它就有了一定的客户基础和信息源，客户支持将推动其进一步发展。
- **产品必须与现有的标准相匹配。**围绕特定客户的需求而设计的产品可能只留出一点甚至没有空间让人们进行实验。如果标准已众所周知，没有什么创新的余地，瀑布流发展是最好的办法。
- **高度监管行业的产品。**精益创业方法并不适用于高度监管的行业，如医药与金融。严格的标准和实践将扼杀创新集群的创新能力。突破这个障碍唯一的办法就是产生（或促进）激进的创新，如比特币因其独立于国家政府之外的货币地位逃避了金融监管。

冲刺

敏捷软件开发对精益创业方法思想有着重要影响。程序员根据敏捷原则，通过一系列短暂的生产周期运行他们的项目，也称为冲刺（Sprints）。冲刺包括活动策划和执行。随后，团队重新审视计划，并开始下一轮执行。冲刺通常为期一周，尽管时间充足，足以完成大量工作，但还没有重组到让团队成员偏离重点。这种做法能够产生稳定发展和可预见的结果。

在精益创业的工作环境下的创新团队使用同一个框架。正如敏捷软件开发一样，其实验进程是通过快速学习、构建和测量循环。在冲刺的最后阶段，团队成员评估他们已收集的数据，调整他们正在测试的产品或服务，并启动新一轮的实验。这些周期可以长于或短于一个星期，但这都是良好的开头。

关于实验过程的简单概述

实验是精益创业方法的核心。要做到高效，以下四点十分必要：一个假说；支持该假说最具风险的假设；测试方法；成功标准。

在科学领域中，实验检测假说通常是用来检验其真伪的。而在精益创业方法中，假说通常呈现的是客户的问题。对于开发自行车修理 APP 应用的公司而言，假说可能是：自行车手在外骑行时的问题是如何找到相关信息来修复自己的自行车。

隐含在这个假说中可能有几个假设，包括：自行车会在路上坏掉；骑自行车的人不知道如何修理自行车；如果有正确的信息，骑自行车的人会修理他们的自行车；骑自行车的人骑行时随身携带移动设备。其中的一些假设仅有很小一部分不确定性。例如，你可以十分肯定的是自行车有时会在行驶中坏掉。

然而，其他假设都不那么确定。其中之一可能会被归纳为最具风险的假设：当自行车坏掉时，是否大多数骑自行车的人已备有其所需要的修理自行车的信息？如果事实证明，他们的确缺乏自行车修理的信息，那么你已经在验证这个假说上前进了一大步（一些不确定性仍然存在，但是你可以通过下一个最具风险的假设来校正）。另一方面，如果你发现骑车人拥有其需要的所有信息，那么你的假说作为一个整体就会失效。所以你可以明确的是，骑自行车的人没有这样的问题，他们在骑行时能获得如何修复其自行车的信息。

为了证明最具风险的假设是真的还是假的，你需要设计一个实验。这可能是一系列对自行车手的访谈，也可能是沿着自行车道观测站收集故障数据，还有可能是自行车移动端维修指南的预定单。每一个替代方案都是用不同的方式来测试最具风险的假设。最重要的是，选择一种最快、最轻松的方法，要尽可能精确。当你完成了实验后，你应当分析结果，并决定是否要转型，即转移到另一个新的假说上，或者持续不断地发展现有的想法。

在实验之前，你需要清楚地知道能够验证测试的最小可能的假设。在五个自行车手中，有三个想要移动端的维修信息是否已足够？或者我们将需要扩大比例，又或者是更新样品？答案具有一定的主观性，但如果手中没有一个稳固的成功标准，就急于开始实验也不是个好主意。设置成功标准可以帮助你避免普遍存在的证实性偏见和风险规避问题。

证实性偏见

证实性偏见的意思是，人们往往过于关注那些印证其假设的证据，而忽略了与其相冲突的信息。人们往往会忽略那些挑战他们先入为主想法的信息。

这种现象深深植根于心理学，早已被古希腊作家指出。人们喜欢自己的想法，再优秀的创业家也不例外。销售人员熟练掌握了证实性偏见，他们的工作往往取决于在别人认为负面的地方找到令人鼓舞的信号。创业者们也同样如此，最优秀的创业者往往会产生现实扭曲力场（reality distortion field）[1]，影响一切他们所接触的事物，但当现实没有服从他的意志的时候，这种超级力量会让他们迷失。

在精益创业机器工坊中，当我们询问人们的实验进行得如何时，常常听到这样令人不安的回复。当我们问到是否有潜在客户签订意向书时，他们回答说："哦，每个人都喜欢这个产品！如果我们问他们，他们就会签订的。"团队负责人作为想出创意的人，往往落入这个陷阱中。他会说："这太棒了！"而其他的团队成员却显得无精打采、悲观十足。

一个团队可能整天疲于应付不好的结果，然后潜在的客户突然奇迹般

---

① 现实扭曲力场是指结合骇人的眼神、口若悬河的表述、过人的意志力、扭曲事实以达到目的的迫切愿望，及所形成的视听混淆能力。这个词来自《星际迷航》电影中，特指外星人通过精神力量建造了新世界。麦金塔软件工程师安迪·赫茨菲尔德拿它来形容乔布斯的强大气场。这个短语既是一种称赞，也是一种警示。——译者注

地告诉他们自己一直以来所想的一切。如果他们没有事先制定成功的标准，那么他们可能会将这种积极的反馈作为其努力的证据。但是，如果他们有标准，他们会认识到，一位客户的热情是不足以验证自己的假设的。

风险规避

当证实性偏见足够强大时，它会让人们避免让他们的信仰的情况出现。这种状态就是所谓的避险情绪，这对于执行有效的实验而言是致命的。在实践中，它表现为不愿面对最具风险的假设，或坚持以一定会成功的方式设置实验。

在最近的一次工作坊活动中，一个小组试图验证一款旨在通过预购咖啡让客户不用在咖啡店排长队的移动 APP。该假说是，排着长队的咖啡馆会失掉新客户，因为人们看见排队很长，就会决定去别的地方，于是他们可以利用这个应用程序，让队伍不那么长。

该小组采访了几位顾客，并获得了很多的验证。然而，他们应用程序的首要目标并不是咖啡饮用者，而是咖啡厅的经理，他们并没有采访任何经理。理论上说，他们在接近双方的市场，是关于双方的假设，但他们选择测试的假设却是在风险较小的一侧。有几个原因表明，一家咖啡厅的老板可能并不希望缩短队伍，他们可能会认为，排队越长，越有可能吸引顾客，而不是排斥他们，客户如果不得不等待，意味着这个产品对他们更有价值。可见，该小组避免了最具风险的假设，但却从来不承认自己的错误。

开发现实产品时，这个错误会导致大量的资源浪费。其解决办法很简单：按风险的等级测试你的假设，制定明确的成功标准，从而让你知道何时可以验证假设。

建档

建档有助于记录从测试创意到完成的进展过程。在精益创业机器工坊中，我们采取了三个简单的形式，以保持团队成员的统一进度，若节奏被打乱可以简化回溯形式，解决问题。

1. 想法简述

想法简述，可以为确定这个想法是否值得追求做好准备。这是一页文档，你可以记录下：产品理论；是在什么情况下受到的启发；你的假说；一长串的隐含假设。以它作为最初的出发点，讨论需要磨砺的想法、假说和假设。一旦实验开始，它可以作为一个参考，保持团队在同一轨道上，直到你决定转型，并开始另一个新的想法简述。

2. 实验日志

大多数实验都有其局限性和缺陷，一份详细记录可以更容易地解决缺陷。这份实验日志是电子数据表格，记录最具风险的假设、实验方法及日期、时间、参与者和成果。如果你跟踪采访，你可能会一行放一个问题，并把各种答案设在单独列中，最后一列放入分析和结论。

3. 学习报告

在实验结束时，需要时间来分析并记录最重要的教训：关键见解、发现、惊喜等。记录你以前没有确定需要注意的顾客的问题，观察可导出下一个假说。实验结束后对它们进行收集很重要。如果你提前收集，你就是在记录预感，而不是验证学习。

实验过程：分步解析

把实验过程总结记在心上，让我们仔细看看具体每一步都是怎么操作的。

形成假说

假说陈述了你对于产品或服务的想法，而这种想法是可以被检测的。创新者面临的一个问题是，自己的想法通常是无定形的和多方面的，这使得它们很难被测试。这个想法其中的一部分可能是真实的，而其他部分都是假的。因此，有必要限制这个想法，并以清晰简单、可测试的形式说明这个想法。

在精益创业企业中，我们谈论两种不同的假说——问题的假说和解决方案的假说。问题的假说认为一个问题存在，你的产品是为解决它而产生。例如"一类特定类型的客户具有特定类型的问题"。从逻辑上讲，如果你跟任何符合你所描述的指定客户交谈，那你会发现他或她已经有你所描述的问题。解决方案假说则认为一种特定的能力（例如，你所提供的产品）将会产生一个特定的影响，即"这种特殊的能力将产生特定的结果"。也就是说，如果有人使用具有你所描述的属性的产品，那它就会为其带来行为上的改变，从而形成生意。可以对这样的说法进行测试，因为它们假设两个变量之间存在因果关系。

这两个公式中的第一个是最好的，因为它限制你要在现实世界中寻找，而不是在想象中寻找选项。它通过专注于客户的需求做到这一点。每一个客户都有一个问题，每一个问题都有解决方案。客户的数量有限，因此他们所面对的问题就有限，其解决方案的数量也就会有限。从另一方面说，不是每个解决方案都能对应一个问题，也不是每一个问题都对应一个客户，这就是说，可能的解决方案无限存在，其中许多解决方案在很大程度上与市场并不相干。通过专注于客户及其问题，你会让你的想法保持在基于现实的基础上。

确定最具风险的假设

每个假说都建立在一系列的信念上，但并没有可以识别所有假说的确切方法，所以最好的办法是自由的头脑风暴。如果假说是正确的，还有什么必须为真？给自己充足的时间和心理空间来记录头脑中所涌现出的每一个假设，和团队队友做着同样的事情。从教练、导师和那些熟悉你所调查的市场的人那里寻求帮助。如果该列表是重复的，或者如果假设互相重叠，也没有问题，关键是要区分它们，越早越好。

一旦你生成一个列表，留下最精华的部分，消除重叠部分。请记住，你的假设取决于这些表述。如果表述是假的，那么假设也是假的。

现在，你可以找出哪些假设是最不确定的。你需要准备一张大纸和便签簿。在纸上绘制一个 x / y 象限。其中一个轴代表一个特定假设的确定程度，从低到高；你拥有的信息越少，不确定的概率就越高。另一个轴代表一个假设对验证假说的有效性，由低到高。一个假说越依赖于它，它的概率就越高。把你的假设都写在即时贴上，每张写一个，并把它们粘贴在你认为它所属的象限中。

你放置在最接近右上角的是你最具风险的假设。当实验开始，你会首先测试这一个，然后将其从网格中删除。每次运行新的实验，你都会测试最接近右上角的假设。这一过程将继续下去，直到你要么测试完所有的假设，证明你的假说无效，要么得到足够的验证可以推出该产品。

选择一个测试方法

有四种方法来测试假设，可将它们视为依次执行的各阶段，并在你最初的几个项目中，每次应用一种方法。当你获得经验后，你可以在任何时间节点，选择任一个最适合最具风险的假设的方法。我们将在实验方法一章中深入探讨每一种方法（详见第 7 章）。

1. 探索

探索阶段（Exploration）包括访谈、观察和 / 或重演。在这种方法中，你通过采访潜在客户或观察他们的行为收集信息。

2. 推介

在推介（Pitch）这个阶段，你让潜在客户通过给你联系方式、意向信、订金或一些其他承诺的凭证来阐述他们的兴趣所在。

3. 金钥匙

金钥匙（concierge）阶段是你将面对面地为付费用户交付产品。这是对你打算推向市场的产品或服务的现实模拟。

4. 原型

原型（prototype）阶段是让付费用户使用具有相应功能的小样。在这个阶段，你可以为你的产品或服务提供一个可行的、或多或少你可想象的最低版本。

基于众多原因的考虑，你可能会跳过其中一些技巧或以不同的顺序使用它们。对于高度创新且没有明显的先例的项目来说，探索或多或少是必要的。如果你对这个领域认知程度较高，你可能会跳过这个阶段。在这种情况下，你就可以开始以推介的方式，收集抵达金钥匙阶段的客户信息。如果你已经在想出这个创意的过程中使用金钥匙（比如说，当不同产品的用户咨询进一步的功能时，你已在有限地开放部分功能），或者你是对现有产品类别的增量创新（即如果市场上已有金属顶盖的汽车，但没有敞篷车），你可能直奔原型阶段。

最具风险的假设，也可以指导你的选择。例如，如果你不确定是否有人在乎你要解决的问题，那么探索就是必要的。如果你确定有些人关心，但你不知道有多少，你可能会直接进入推介阶段。当你考虑是否可以提供一个令人满意的体验时，金钥匙是最合适的技术。原型可以确定这项业务是否能增值。

总之，关键在于要选择一种技术，可以最直接地获得对最具风险假设的了解。你获得的信息越多，你的项目的风险就越小。

细分客户

实验的一部分应该致力于细分市场，或验证关于最容易接受你假设的客户。在传统营销中，客户细分往往是由人口特征所定义的，如年龄、性别和职业。一个更有效的方法是，要找准一个人的特点及其对你的产品的兴趣的因果关系。例如，如果你卖的是弹出式篮球架，目标客户若用人口统计或物理描述，那就是"30岁以下男性，身高超过6英尺[①]"，这就混淆了相关性因果关系。相反，如果尝试以共同的活动、目标或者问题来形容，那将会使他们接受你的产品，如"生活在城市地区，业余时间打篮球的人们"。

当涉及创新产品时，这一关注点非常重要。你要瞄准早期采用者，他们始终处于消费者行为的前沿。早期采用者具有五个特征：1.他们意识到自己有一个特别的问题，但他们不认为这是不可逾越的，他们会想方设法寻找解决方案，他们要么使用现有的解决方案或试图为自己破解一个，使用你的方案对他们而言并不存在障碍（如地理或财务的限制），他们是测试创新想法很好的对象，因为他们将比其他潜在客户更能很好地理解你的产品应该做些什么、它应该如何工作，以及他们将更容易接受一个简陋的框架或原型，只要它能解决他们的问题。

理想的早期采用者就是我们所说的饼干怪物：他们渴望解决方案，当他们找到一个方案，他们的兴奋程度是显而易见的。如果你发现任何的饼干怪物，一定要收集他们的联系信息并定期与他们分享你的进展。在学习方面，一个饼干怪物的价值等同于成千上万个普通客户。

这里有一个对进行市场细分非常有用的工具——客户形象。

客户形象在市场营销中普遍使用，它是一个虚拟人格，代表一个产品或服务的目标用户。该文件包括了：一个想象中的名字、理想化的人口统计信息，以及目标和痛点的描述。它可以帮助创新团队确定目标客户，并知道他们的想法。如果你正在讨论产品功能或特定的实验，客户形象可以帮助你专注于客户的特定需求。在产品生命的早期，最好让客户形象维持在最低限度：你要专注于饼干怪物。然而在某些情况下，你可能需要很多。举例来说，如果你的产品是为所有年龄段而设计，如Facebook。不要忘了时时修改它，让你更多地了解你最好的客户。

---

① 1英尺＝0.3048米。——编者注

设置成功标准

运行任何实验前还有一个步骤，那就是选定能带来成功的认知。它可以包括确认最具风险假设所需要采访的客户的最小比例数、登录页面的点击量，或关键指标的上升数量。将实验的成功标准设想为验证继续工作所必要的最低数量项目。

当我们参加一个精益创业机器工作坊，听参与者们做最终陈述时，我们意识到设定成功标准的重要性。一个团队领导自豪地描述他的团队研究结果：40％的接受调查的人证实，他们有假说中的问题，并需要一个解决方案。他的队友接着说道："不幸的是，在我们的聊天中，有60％的人没有任何问题。"对领导者而言，40％的比例够继续进行。而对于其队友而言，这是一个令人失望的结果。当你提前设定成功的标准后，每个人都一致向前，认为该项目是值得的。

当你处在实验早期阶段时，可以选择温和的目标。20个客户中有一个客户能验证你最具风险的假设也许就足够了。你取得的进展越大，你那雄心勃勃的目标打磨得就越好。它还取决于你正在测试的企业类型。如果你推介的是一个低利润业务，你可能需要的潜在客户的比例会很高。另一方面，如果你接触财富500强企业中的30位高管，即便只有一个承认存在你的问题，那么这也是一个可行的商业种子。

设置成功标准的一个重要组成部分，就是控制花费时间。如果你从机会成本角度思考成功标准，这是有道理的，因为你完成一个实验花费的时间越多，你的成本就越高。此外，如果你能永远运行一个实验，迟早你会得到你想象的结果，同时测量你和你的团队达到必要数量的客户的速度。选择休息时段进行测量，可以让你把工作完成，且不浪费时间。每个小时都很宝贵。请记住，你的竞争对手不是其他企业，而是那些开足了马力快速执行的初创企业。这就是为什么跨职能团队而不是孤岛工作如此重要的原因。如果你需要等待获得销售部的批准，然后才可以跟客户谈，你不妨就关门大吉吧。在传统企业的用户体验设计师可以花两个星期采访客户。

精益创业企业却没法花同样多的时间。

当你尝试一些不寻常的事情时，往往是没有先例的，设立成功标准可能会特别困难。作为先例的替代，你可以基于你对现实的理解，预测你的哪些想法会实现，做一个较为安全的预测。如果没有实现，你会了解到你对现实的看法是有缺陷的。这将教会你更多关于你的客户的知识，而这些新认识会有助于你做出更好的决策。

也许一点基础数学可以为你提供帮助。如果你打算在街上推介 1 个小时，那一定要估计时间成本。考虑要推介的产品或服务是否可以得到价值相当的明确承诺？这为你确定最少需要的验证数提供了理性的基础。

另外，你一定会在开始时设置不完全的成功标准，所以不值得为此辗转反侧。你做得越多，得到的标准就越好。更多的实验会让你得到更多你可以借鉴的标准。

构建指标模型

正如我们所看到的，一个指标模型是一个模拟业务的电子表格。我们将在创新会计（第 8 章）中展示如何构建该模型。

这一步并不在探索或推介阶段执行，但它值得在着手前开始，而且必须在原型阶段之前执行。这是因为一个原型需要先设计，以提供必要的评估业务的测量标准。如果只有首先建立了模型，你才知道需要跟踪哪些变量，那你就会浪费很多时间来重建。

建立一个 MVP

虽然你的产品或服务的最初概念可能会涵盖一个广泛而复杂的功能集，但出于实验的目的，你需要有一个由最关键的功能集构成的最低程度上可行的产品，即 MVP。

MVP 是一个能让你以最少可能的资源支出，在任何特定时刻学会你所需要知道的东西的工具。它并不需要代表整个产品，只需要代表你正在某一特定时刻测试的产品的一部分。当你在采访潜在客户时，MVP 可能是一个口头描述或视频演示，传递该产品的价值。如果你观察消费者行为，那它可能是用户界面模拟或一个简单的登录页面，让游客了解该产品的好处，但不一定提供访问产品本身。即使是在原型阶段，一个 MVP 可能是最低程度地——不超过最关键部分——来验证你正在测试的假设。

在公司中呈现 MVP 的前景会遇到重重阻碍，特别是那些有品牌资产需要保护的老牌公司。向客户提供刻意减少功能的产品或服务似乎是错误的，或者更糟糕的是，你的 MVP 是一个样机，它会误导客户以为你已经有一个成熟的产品。要知道，有些客户真的会在意一个深思熟虑的 MVP，而且他们正是企业内部创新所需要找到的客户群体。早期采用者看到初期产品比看到高度完善的产品更为兴奋。他们喜欢尝试新事物，并不会为系统错误所沮丧，他们很高兴能有机会将他们想要使用的一些功能贡献到设计中去。所以，让你的 MVP 更多地迎合这部分人群。除此之外，牢记你的目标——以最低的成本完成最大的学习，把你宝贵的资源投入到打造人们希望看到的产品中去，而不是浪费在人们并不想要的东西上。你的任务是找到假设和验证学习之间的最短路径，这可能涉及大量的创造。

MVP 可以是为你达成特定实验目的所需要的任何东西。它必须激发客户的想象力，提示他们为当前实验而需要采取任何行动，而你需要做的事情越少越好。你做得越快、越便宜，就可以越有效地为你的客户提供他们真正想要的东西。

运行实验

你已经有了一个计划，现在是时候来执行了，这是一个检验真理的时刻。实验的结果将让你获得宝贵的现实世界的信息。我们将在第 7 章中深入讨论各种实验技术的实际问题。

需要注意的是，创新团队的每一个成员都参与了实验。每个人都需要熟悉产品，它的潜在客户是什么，它的商业模式如何。在这个阶段取得的进展并非是由收入、优雅的设计或代码行数来衡量的，而是由你学习的程度来决定的。

转型或者坚持

在你运行实验、收集数据和分析（在原型阶段，并有可能在金钥匙阶段，这需要在指标模型中添加数据）后，实验满足成功标准了吗？如果是，你可能会坚持下去。如果不是，可能是时候转型了。

持之以恒是继续发展你的想法的途径。你已经有了验证最具风险假设的最低限度的结果。此后，你要么继续完善该实验或发现更强有力的验证，然后重复该实验。要么你也可以继续测试下一个最具风险的假设。

转型是指回到白板状态，并拿出新的假说。从字面意义来说，转型是重置你的商业模式。它不是一个增量变化，而是高位转型策略。调整或替换一系列功能中的一部分，并不构成一个转型，但将目前所有的功能重新定位或围绕一个核心特征来展开便是转型。

这并非像看上去的那样失败。相反，它是一个学习的明确信号，是通向产品/市场契合的重要一步。许多非常成功的产品和服务，最开始的形态与其后的成功完全不同。星巴克是从零售咖啡机和咖啡豆起步的；雅芳则是一个书商；Twitter最开始是播客服务商；Flickr是一个在线角色扮演游戏；Instagram是移动登机服务；YouTube是视频交友网站。所以，不要害怕转型。这可能正是实现产品无处不在的机会。

当你在起步阶段时，可以预期会有频繁的转型。早期学习往往会挑战那些看起来显而易见却与现实不符的先入为主的事情。你越是迷信你的想法，你要寻找与假设相冲突的信息的动力就越不足。所以，如果你在探索阶段，而不进行转型，它可能是证实性偏见或规避风险。仔细审视你的团队，并向导师咨询，避免掉入这些常见的陷阱当中。

早期，转型或坚持下去的决定在很大程度上取决于最新的实验是否达到了成功的标准。当你逐步深入实验，建立更多的验证，决策就会变得更加复杂。如果你只拥有有限数量的跑道，那无论从头重复还是再次启动的决定都是可怕的。你是否向理想状态的方向取得了足够的进展？如果没有，你怎么能做到这一点？它是否真的可以达到？团队成员可能相持不下：工程师希望改善技术；设计者希望改善用户体验；而商务人士希望改善底线。

使用这个指标模型来打破僵局。该模型将每个人的思想转化为定量的数据，你可以用它来揭示前进的最佳途径。它可以帮助解答一些问题，如距离你理想有多近，它还需要多长时间，它将花费多少等。当坚持的机会成本过大时，转型就成为了必然的选择。

Javelin 板

Javelin 板是我们在精益创业机器里设计的一个工具，帮助组织和指导实验过程，它可以从 URLTK 上免费下载。这个类似画布的工具可以让你输入信息，让你一步接一步地从概念逐渐发展到验证阶段。在你的工作板上贴上各种有简短概要的便利贴，估计你会产生大量的即时贴。一定要精简字数，最多七个字。不是所有的内容都需要在工作板上显示。将额外的想法保存在一旁的云端，它们可以在你的想法确定时派上用场，特别是在转型时，以前舍弃的想法可能会有新的意义。

Javelin 板的左侧专门用于头脑风暴产生假设，右侧则用于管理和跟踪实验。需要注意的是，头脑风暴部分的时间应严格限定在 5 分钟或 10 分钟。尽管这个限定不是一个严格的上限，但它对观察时间限制是有帮助的，以保持过程合理化，并确保你的团队不偏离证实或证伪其观点的轨道。Javelin 板的左下方提供了一组空白短语的填空题。它们涵盖"问题—方案"假说，识别假设，区别最具风险的假设，设计实验，并确定成功的标准。当你到达适当的阶段时可以参考这些。

首先，花 5 分钟时间让每个团队成员在便条上写下对客户的描述，并粘贴在 Javelin 板上的"谁是你的客户"区域，选择其中一个把它贴在板右侧的第 1 列，毗邻"客户"标签处。

其次，让团队每个人形容一个客户存在的问题，将它们记录在便条贴上，并将它们贴在标记"什么问题"的左侧区域，选择一个问题，然后把它粘在板右侧的第 1 列，靠近"问题"标签处。

暂时先跳过"解决方案"。让每人都写下 5 个对验证问题有效的假设。把这些贴在工作板左边带有"列出的假设必须真正适用于验证你的假说"标签的区域。围绕每个假设，讨论不确定性的程度，选择一个最具风险的假设，将其贴在板右侧的第 1 列，标上"最具风险假设"。随后进入实验阶段：探索、推介、金钥匙、原型。这几个阶段一般都要依次进行（根据你所拥有的信息量）。因此在大多数情况下，如果团队刚刚起步，你会从探索开始。设计一个采访，通过进行观察或重演，对第一列的问题假说进行测试。在便条上写下成功标准，并粘贴在板右侧的第 1 列中，毗邻"成功标准"标签处。

现在是时候"走出大楼"了——史蒂夫·布兰克告诫人们应该到现场去跟潜在客户交谈。尽可能在限定时间内，朝着你预定的成功目标高效地工作。

完成你的第一个实验后，团队应该对实验结果进行分析，并以它们为基础，决定转型还是坚持己见，并把它标记在板右侧的第一列"结果和决定"中。一定要记下关键的经验教训，将它们贴在带有"学习"标签的下方区域。

此时，该团队已清空板上左侧的条目，并重复第 2 列的流程，检验新的客户和解决问题，这个时候加入一个解决方案的假说。

Javelin 板一般只包括 5 列，但这属于一个随意的限制。经过多次反复的循环，直到发现一个可以和客户产生共鸣的概念，并开发达到产品/市场契合。另外，请记住，Javelin 板是一个简化了的让实验保持在轨道上的工具。实验方法包括无数的复杂性和微妙之处，随着在实验中获得更多的经验，你会逐渐找到自己的方式。

JB• 布朗

THE LEAN ENTERPRISE
How Corporations Can
Innovate Like Startups

精益创业实践过程：
对话诺德斯特龙创新实验室主任 JB• 布朗

2011 年，诺德斯特龙创新实验室（Nordstrom In-novation Lab）推出了一个描述团队如何运用精益／敏捷技术来创建一个 iPad 应用程序，帮助零售客户选择眼镜架的 YouTube 视频，这让公司真正体会到了精益创业的感觉。该实验室属于诺德斯特龙公司，该公司成立于 1901 年，拥有员工 50 000 人，2013 年营业收入高达 85 亿美元。这个应用程序就是在一家诺德斯特龙门店中进行构思、设计和编码的，客户就在一旁观看、评估和演示他们的工作。在 JB• 布朗（JB Brown）的指导下，实验室完成了战略任务，并将创业文化的种子播撒到整个公司。布朗原是爱荷华大学的一名软件工程师，开着一辆皮卡车到西海岸投身到互联网的泡沫中，他向我们解释了自己是如何运行一个典型的企业创新实验室的。

问：诺德斯特龙创新实验室是如何而来的？

答：大约三年前，公司董事会深入探讨了创新话题，创新实验室就是在这次讨论中诞生的。他们为这一长期规划设立了管理和资金模型。过去四五年以来，我一直是公司网站的开发者和构建师，在那段时间里，我担任了公司颠覆式的敏捷教练，以加快学习进度，并去除在瀑布过程中的浪费。我想展示技术如何能够更积极地在零售业上得到应用，更好地体现出精益价值发展的过程。当我听说有成立创新实验室的机会时，很兴奋并积极争取到了这个机会。

问：能否与我们分享一下你是如何为实验室筹集资金、构架和建立流

程的？

答：在风险投资方法之后，资金筹措已变得模式化了。在最初的一年中，我们有公司单独拨出的资金支持。公司里的任何人只要能够有效地证明自己的想法，并拿出可信服的证据来，就可以使用这笔钱。当然，你并不是在推介商业案例，而是在寻找一个你最初尚未规划的新兴机会。我们的创新委员会，其中包括我们的管理团队，会对这些想法进行同意或否决的表决。他们决定是否投资种子资金来验证你的想法的关键因素在于，该项目是否有可能改善客户的购物体验。

问：你们的实验室规模有多大？

答：大约有15人，但会随着规模而进行调整。实验室允许人们暂时脱离实验室，作为自由职业者从事内部新创项目或感兴趣的项目。我们有设计人员、开发人员、人类学家和工业设计师。

问：你会如何定义你的创新方法？

答：我对创新的定义来自 Ideo 和斯坦福大学设计学院。创新是发现可满足的、可行的并且可能的事物的交集。可满足的取决于客户是否想要；可行的取决于是否对企业有利；可能的则取决于我们是否可以分发。也就是说，创新是一种虚拟的产品，而不是物品，不是一种实物形态的东西。作为你发现的结果而创立起来的事情是具有创新性的，但创新是让之成为可能的发现。

问：创新实验室和内部创业计划在克服传统企业组织结构、政治和文化方面面临着很多障碍，诺德斯特龙是如何管理这些因素的？

答：它可以很纠结，但对我们来说这不再是个问题，而得益于我们最初在资金和结构方面的决策。我们设立专门的资金去寻找那些新的、没有人意识到的或之前不存在的机遇。尽管公司拥有各种不同的渠道——移动、商店和网络，但仍有市场空间让我们找到新的机遇。

问：**你如何组织实验过程的？**

答：该实验室被分成不同的工作室。每个工作室有属于自己的工作主体，人们根据个人兴趣自愿加入。我们通常从创新委员会给予我们的商业挑战、一个问题或关注于一个区域的增长入手，我们需要了解客户及其需求，包括他们自己还不能表达出来的潜在需求。我们会观察他们，并根据我们的了解，形成解决他们问题的假说。然后，我们都会对解决方案进行头脑风暴，挑选一些我们认为是有说服力的，通常与业务相一致的方案。如果它是一个移动端的解决方案，我们就会请公司负责移动业务的副总裁介入，告诉他该方案与其策略的相关性。然后，我们划定风险领域，并通过 MVP 测试和详尽的创新会计规避风险。我们将风险视为结果的波动，而非可能的糟糕回报。因此，我们防止波动的方法是从每个 MVP 或实验中学习，从而逐渐减少波动，直到我们的结果稳定，得到领导的支持为止。这一过程需要数次迭代，才能产生解决方案的原型。

问：**在这种情况下波动性意味着什么？**

答：结果的波动性意味着：顾客要么喜欢，要么讨厌；技术要么存在，要么毁灭；我们的销售人员要么想使用，要么讨厌使用。如果我们觉得任何一种结果都有同样的可能性，那将意味着很大的风险，我们要马上去除它。

问：**你如何识别最具风险的假设？**

答：在刚开始的时候，我们发现最大的风险几乎存在于可满足需求上。我们有跨职能的团队了解技术、产品开发和零售，再加上我们一开始就做了用于宣传的民族志。所有这些加在一起，你就能够对波动性的最高点进行合理的预测。我们的团队也会对哪些风险是最大的，哪些是最容易移除的达成共识。

问：**创新会计在你的项目里扮演什么样的角色？**

答：我们从一开始就使用了它。通常情况下，我们会选择我们认定的商业模式，并确定测量成功的关键指标。最初，这是一个简单的手动工作。当我们到达一定规模需要消除隐患点，并在广泛公诸众人之前，我们将会使用免费开源、基于云计算的解决方案，以便轻松记录指标。如果我们碰到非常复杂的情况，我们会向距离此处不远的数据科学实验室寻求帮助。

问：你什么时候需要数据科学实验室？

答：作为一个多渠道零售商，我们会面临着评估店内体验对销售的影响的挑战。我们可能会认为自己的新产品做得很好，但其商业模式却是一个营销漏斗，通常会在店内发生变化。此时，我们将使用数据科学实验室来使销售增长与企业数据关联起来。

问：你是否担心 MVP 可能会伤害到诺德斯特龙的品牌？

答：我们对此一直很慎重。我们最初的实验通常会是内部的而私密的。但某些时候，你又必须实时地、真正地面向公众来进行实验，以了解是否能得到一个有效的市场反馈。我们会在一小部分客户群中做半公开实验，而非完全地面向公众。有时，较之更大的市场，我们会利用当地社区的卖场，对一部分消费者进行测试。这也必须倚仗于创新会计，因为你可以从一个社区移动到另一个社区进行实验，而每个实验都会产生新的支持者。

问：你如何决定是转型还是坚持下去？

答：其背后无不体现出创业家精神的艺术所在。渴望成功的人有一种与生俱来的特质，那就是坚持到底。确保以让客户愉悦的方式服务于他们，是我们企业文化的一部分。过去我们艰难地扼杀了那些需要额外投资才可能成功的产品。我认为除了收集大量的外部意见，运用创新会计，并确保将定性信息反馈到决策过程当中外，你别无选择。在某些时候，你必须做出将你的钱投向何方的决定，你也永远无法在你做之前就能得到完美的答案。

问：你的"2011 一周店内 App 开发项目"视频无疑是精益创业技术的经典示范。你是否可以给我们谈谈这个项目更广泛的意义？

答：该视频如今已赋予了自己活力。这是我们公司历史上的一个伟大事件，也是公司内部成功的重大事件，但我们不可能再做为期一周的项目了。我们仍然专注于快速获取答案，但大部分时间我们的目标需要我们更加深入地去创新。2013 年 11 月下旬，我们成功推出了一款我们在一年以前就开始开发的 App，这是一款旨在保护销售人员和客户双方隐私的短信应用程序。法律规定商业用途的短信业务必须是选择性加入，相对于电子邮件的选择性退出，它更难于投入使用。通过与我们的隐私和法律部门合作后，我们开发出了一个应用程序，让客户和销售人员通过发短信来彼此沟通，而却看不到对方的电话号码。我们已经从客户和销售人员那里了解到他们希望通过短信来沟通的需求，于是我们觉得这有助于解决他们的实际问题。

问：你是否开发实体产品？

答：我们已经对店内基础设施进行了实体设计。在加利福尼亚州的一些商店中有新的美容部设计，这是针对客户认为化妆品区可能对购物是一个挑战的反馈所开发的。这涉及实体店原型和美容礼宾部的测试。我们的第一个原型是由塑料泡沫板制成的桌子。我们参加了在华盛顿大学校园里举行的多场联谊会，通过观察客户在与以往有所不同的零售场景中的体验之后，我们确信在投入大量时间和精力设计原型之前，我们已充分理解了销售人员和客户之间的互动。

问：我们坚信，创新团队成员应拥有他们的项目的一部分所有权。你是如何提供薪酬的？

答：该实验室隶属于公司信息技术部门，它与其他技术团队采取同样的绩效薪酬和分级标准。你所说的是事实之一，但我认为目的的达成更为重要。如果同事们觉得自己的目的实现了，他们就会有动力和自主性来实现目的，他们对这份工作无疑是满意的。所有权对招贤纳士固然有帮助，但是我发现人们更认同机遇与挑战，他们通常会接受那些与他们的生活方式相匹配的工作，而无需股权激励。

问：什么是至今最让你引以为豪的成就？

答：至今最让我引以为豪的成就是，我们的思维方式以及我们的行为方式已经摆脱了实验室的束缚。一个小团队有内在的约束。你总会不断有更多的想法需要测试，仅凭一个团队之力是无法承担的，任何新生事物都会出现反对者，哪怕他们是处于好的用意。超越这些阻碍，以积极的方式去影响更大的组织才是最棒的。

问：你如何将实验室的思维方式传递至整个公司？

答：我们让人们参观创新实验室，向他们介绍我们的实践与实验过程。关于精益创业机器，我们有自己的版本，那就是一个为期两天的、对公司所有人开放的创新训练营，我们提供挑战，组织跨职能团队。每个小组都会有一位实验室的创新教练，他们精通设计理念、精益创业、创新会计、人文学和其他知识。我们让人们走出大楼，去与客户交流，不断验证自己的想法，让他们可以对公司的一些高层领导者推介自己的项目。因此，有许多好的想法不断从中产生，但真正的好处在于学习有关流程并习惯这种新的思维方式。创新实验室的一些成员还创立了人本实验室（People Lab），目前他们已经在单独管理，开始全职工作了。

问：打造企业持续创新能力最重要的准则是什么？

答：创新需要在公司内部得到很好的支持和保护。你要想改变企业文化，不管你为之努力实现的是怎样的变化，这都太不容易。虽然这是值得激励的，但它不适用于那些心理承受能力较差的或总要寻找下一个灵丹妙药的对象。

Chapter 7

第7章

创新实验方法

实验是精益创业的核心，所以理应对其相关方法给予密切关注。探索、推介、金钥匙和原型的方法可称得上是科学的艺术。掌握它们需要大量的实践和对技术的细致关注。但你首先需要接近客户。你怎么才能做到呢？答案取决于你正在测试产品或服务的类型。

对于消费品，我们让精益创业机器工坊的参与者与逛商场的人进行交谈。针对一两类有着忠实粉丝的项目，他们会发现，无论是在网上还是在现实生活中，都能找到这些志同道合的人的聚集场所。对于企业服务而言，你需要与那些拥有采购权的员工主动接触。

事实上，大多数人都忌讳向陌生人寻求帮助。这或许有点尴尬，但相信我们，熟能生巧。记住快速低成本了解你的产品是否有市场的紧迫性。你的创业项目即将上线，从人们那里获得反馈是验证它的唯一途径。

在哪里可以找到客户

长期观察你的客户，整理并总结出独特的客户属性和行为。接下来的任务是找到这样的人，并招募他们来帮助验证自己的想法。

发现客户最简单的方法就是利用你的个人网络和你的队友。让人们知道你需要他们的帮助，来评价一个他们可能会喜欢使用的令人兴奋的新产品。在 Facebook、Twitter、LinkedIn、Meetup 和 / 或任何相关的在线社区发出消息。在礼拜堂、健身俱乐部或社交俱乐部分发传单。

另一种常见的策略是在公共场所接近人们：在人行道上、在公园、在商场、商店或餐馆外。不要去打扰那些明确去往某个地方或有明确行为目的的人。相反，找那些消磨时间或等待朋友到来的人。你可以为他们提供一定数量的现金来帮助你，但肯定会有很多人乐意打发一些无聊的时间。

无预约电话和无预约发送电子邮件都是重要的方法，这种方法或多或少是可互换的。询问收件人是否存在你所假设的这个问题，以及他们是否有兴趣了解解决方案。告诉他们，你是谁，你为什么事情而来。说明你不是垃圾邮件，而是试图探索出一个问题和潜在的解决方案，并请求他们的帮助。

甚至去敲门也是有效果的。与我们合作的一家公司制作办公设备。小组成员到访当地的 DHL 办事处，并试图拜访他们的某位高管。尽管那天他们因无预约而没有见到想见的人，但第二天与他们谈话的助手安排他们与老板见了面。

同样，互联网也提供了丰富有用的工具。SalesLoft 整合了在线社交文件，能帮你找到适合你的客户；Rapportive 能丰富你的联系人列表，其中包括你的 Twitter 账户、工作职位和其他背景信息；你还可以使用谷歌的 AdWords 将流量吸引到一个介绍你的产品的登录页面上来，并要求那些想了解更多信息的浏览者输入其电子邮件地址；搜索 Twitter 上与你产品主题相关的推文。某一团队开发了一款应用程序，他们可以通过这个 App 来寻找那些去巴黎旅游的并想在那里找些事做的游客。

到目前为止，你已经定义了你的目标客户，并知道可以在哪里找到他们。现在是时候进行实验了。实验分为四个阶段。你可以以任何顺序使用探索、推介、金钥匙或原型（见第 6 章）来验证你的假设。让我们一起来看看每一个细节。

第 1 阶段：探索

探索的主要目标是确认客户的确有你认为他们存在的问题（在实验中寻找其他问题，它们在形成未来的假设上能够派上用场）。有三种类型的探索：访谈、观察和重现。访谈是最通用的，每一个访谈都适合于测试不同种类的假设。

访谈

访谈能为你带来极大的启发。毕竟，还有谁能比客户自己更能为你提供关于客户需求和行为的内幕呢？

他们或许会被误导或产生困惑，访谈会因为很多原因而脱离原来设定的轨道。通常，人们会告诉你他们认为你想要听到的。他们会为你提供猜测而不是事实，幻想而不是现实。

幸运的是，良好的访谈技巧可以让他们重新回到正轨上来。如果你坚持一些简单的规则，你就会从你的采访对象那里获得可操作的信息。因此，你应该花两小时到一整天的时间来掌握使用该项技能。

- **接近个人。**如果你不想鼓励群体思维的话，那就不要接触群体，而是找那些单独的个人去做访谈。
- **保留很小规模的团队。**找一个助理在旁做笔记比较有用，但如果你是独自一人接近人们，那他们会更容易接受你的访谈。
- **有一个积极的开始。**从他们很可能回答"是"的问题着手，例如"这难道不是美好的一天"。
- **设置时间限制。**如果他们觉得谈话时间不长，可能更容易接受你，所以设定时间限制或许会对你有所帮助。例如，"我只占用你一分钟的时间，你最后一次使用社交媒体是什么时候？"或者"能否占用你 20 秒的时间回答一个问题？"如果他们最初的回答包含有用的信息，要勇于追问。
- **要就你谈话对象已经做过的事情进行提问。**你最后一次网上购物是什么时候？你买了什么？对服务满意程度如何？一般来说，关于过去的声明比对未来的陈述更准确。问人们在未来一年他们会去健身房多少次，你得到的只是一个愿望而已。相反，问问他们在过去的一年有多少次去健身房，你更可能得到一个现实的答复。
- **避免问引导性的问题。**你需要真正的答案，而不是你想要的答案。要做到这一点，方法之一就是提出有开放式答案的问题。换句话说，不是问"你是否喜欢 Groupon 团购？"而是"你是怎么发现这些优惠的？"如果你问"是"或"不"的问题，你不仅了解到的有限，还会无意中鼓励被访人给你他们认为你期望的答案。同样，不要问人们怎么评价你的想法。寻求反馈很可能会导致不良的数据。在通常情况下，人们希望显得更为积极、乐观。如果他们不愿意批评你，他们就不会诚实地回答。

- **远离假设性问题。** 不要带着"会"开始一个问题："你会为手机设备配备无线鼠标吗？""你会下载一个购物清单应用程序吗？""你想了解现实中的行为：你是否有过 X 问题？告诉我关于这个问题最后一次发生时的故事。"考虑以"什么、在哪里、怎么样和为什么"开始提问：

你最后一次经历电话掉线是什么时候？

你当时在干什么？

你在哪里？

你是如何解决这个问题的？

为什么你现在一直在用你目前的这家移动服务提供商？

- **专注于访谈对象。** 不要在谈话时做笔记，这是一个倒胃口的举动。如果你需要记录互动，用一个不显眼的记录装置，并一定要让受访者知道你这样做。
- **倾听并保持沉默。** 当你想向人们推介你那激动人心的产品时，可能很难习惯听别人说话。然而，采访的目的是听别人说些什么。因此要给受访者说话的空间，给他们回答时沉默的时间，这样他们才有可能有更多的话要说。

观察

访谈有助于理解受访者的行为，但观察能够提供一个更精准的描述。如果你不太相信别人告诉你的事情，想要收集他人下意识的反应，或者你需要学习不让他们借助自己的记忆和口头描述的复杂行为，那观察不失为一种理想的方法，这种方法可以避免问假设性问题，而让人们处在某种情境下，观察他们的言行举止。这所需的时间应该不会超过半天时间。

例如，我们曾与一个团队合作，想了解人们在零售环境中是否会使用他们的智能电话来扫描快速反应（QR）代码，以换取奖励。他们得到店长许可，在商店柜台上展示 QR 码。然后，他们观察消费者是否注意到了这个设置，以及他们是如何回应的。而另一组则在商场里设置了标志，为那些有特定问题需要解决的人们提供 URL 短链接，并期待人们能用他们的手机浏览器进入这个 URL 链接。相对于潜在客户对自我行为的描述，两支团队都能接收到关于他们在现实中的真实行为的信息。

重现

一些问题要么不经常出现，要么会在不可预知的情况下发生，这就使对它们的观察变得非常困难。有时，它们会在很难产生的复杂情况下出现。在这种情况下，你可以通过重现情境的方式来观察客户行动。尽管重现情境很费时，但在大多数情况下，你可以用半天的时间完成它。

例如，你可能希望了解发生车祸后提出保险索赔时会出现的问题。当你向街上的行人询问时，你可能遇到的风险是，很少有受访者在其最近的记忆里经历过类似事故。此时采用观察的方法不会有什么效果，因为你很可能在一个路口等待很长一段时间，才会目击一起车祸的发生。

倒不如找到有相关经历的人，并引导他们重现车祸情境更有效。当然，你不必去故意撞他们的车，而是引导他们通过假想事故及其后果，抽时间填写所有必要的表格，并注意观察他们的反应、遇到的困难和问题。

第 2 阶段：推介

你已经通过探索阶段验证了你的目标问题。下一步是通过兜售你的解决方案来验证需求（即便你还没开始研制这个产品）。当你推介时，你是在寻找购买的意向或承诺。你的目标是让客户为你提供一些有价值的东西，如电子邮件地址或信箱，以便得到他们购买你的产品或服务的承诺。你可能在此阶段要花费多达 3 天的时间。

后续探索与推介可以测试你在第一阶段的结果。我们曾与一个团队合作，团队里有一个身材高大、英俊且风流倜傥的销售员。团队中的其他人在采访时所遇到的受访者大都对前景缺乏兴趣，但这位销售员的采访对象总是非常热情。等到了推介阶段，他们设置了一个登录页面要求人们注册以获取他们的服务时，结果却失败了。该小组的结论是，他们那位长相英俊的同事的研究结果异常。其中的原因可能是网站的登录页面无法正常运行——也许是因为页面设计拙劣或文案不够吸引人，但是在这种情况下，最初的探索显然是带有误导性的。

在后面的冲刺阶段，你可以使用推介来发现重复的客户资源。需求取决于你寻找客户的渠道，渠道越好，能越有效地验证客户的需求。即使你的创意可以解决客户的真正需求，但如果你不能找到一个可反复的方式发现那些合适的客户，那你的创意也无法成功。

抛出推介

你所使用的销售渠道完全取决于你。你可以在大街上推介，在公共场合推介，通过电话推销，在网页上推介，总之，你可以在任何你能接触到客户的地方推介（这里有一个提示：如果你在公共场所举着牌子进行推介，你可能会被要求离开。但如果你把你的推介语印在 T 恤上，并把它穿在身上的话，那就没有人能够赶你走了）。

顺便说一句，精益创业机器为客户提供了一个登录页面工具，能够自动推介在线产品和服务。还有一些可用于登录页面设计的工具，但它在寻找早期采用者和验证你的想法时并没多大用。QuickMVP 是一个展示购买意向的免费单页网站，它能引导你完成从域名注册到报告结果的所有步骤，其中包括行为召唤（call-to-action）按钮，能让客户下载文件并输入地址或信用卡号码，你可以在 quickmvp.com 找到它。

如果你能用客户理解的语言来表达的话，那它将最有说服力，因此在你开始推介之前，最好对你的受众有所了解。一般当人们考虑一件产品时，他们问自己的第一件事往往不是"这有什么好处呢"，而是"这适合我吗"。一定要确保你的推介不会留下任何疑问，让你的销售脚本、登录页面和其他销售材料与他们的活动、目标、痛点和总体方向保持一致。在这一方面，客户证言能够成为一个功能强大的工具，因为它们使用的是客户自己的话。

展示购买意向

最重要的是，要从客户那里获得一些有价值的东西，无论是名义上的现金、时间、联系人信息，还是某种形式的安慰。如果你免费提供一个产品或服务，大多数人都会接受它，因为没有任何风险。而作出承诺则需要冒相应的风险。

选择适合你目标客户的承诺方式。你可能会要求商场的购物者提供他们的电子邮件地址，以换取购买你的产品的折扣价。对于面向企业销售的产品，获得与其高管会面的时间可能就足够了，但当他们的条件得到满足后，你也可以让他们签署不具约束力的购买意向书。当然，更理想的情况是，你可以说服人们给你支付一部分定金，以展示其坚定的购买意图（注意购买承诺的强度是相对于作出承诺的人而言的。也就是说，对于一名CEO来说，支付50美元是一个很小的承诺，但对于一名青少年而言，那就是很大一笔钱。同样地，两小时对于CEO来说是巨大投资，但对于青少年来说却无所谓）。

对于特定的推介而言，最好的承诺方式可能并没有那么明确。我们工作坊的一位与会者想将基因数据卖给制药公司，但他并不知道如何收集这些数据。他已经获得了风险投资，并已上线了病毒式社交游戏，要求参与者输入他们的头发颜色、眼睛颜色等。他走上街头游说人们玩游戏。令他惊讶的是，没有人感兴趣。于是，他想出了另一个不同的策略：他问人们是否愿意推动科学探索，将唾液吐进杯子里。这一次，人们高兴地接受了，使得他能够以更快的速度收集质量高得多的基因数据。就他的项目目的而言，唾液比几分钟的时间和精力是更有效的承诺方式。

无论你是否得到了承诺，你都有可能会无法向客户交付商品。在这种情况下，你应该给客户写一封真诚的道歉信，并附上退还给他们的钱。

第 3 阶段：金钥匙

在推介后，你应该会有很多客户跃跃欲试。现在是时候介绍你的产品所能带给他们的益处了，而不用真正去开发它。

金钥匙方法包括面对面地为客户提供解决方案，尽可能少地开发产品。一般，探索验证问题，推介验证需求，而金钥匙则是用来测试客户满意度的。他们访问产品最便捷的方式是什么，他们使用最频繁的是什么功能，以及他们用完之后感受如何？金钥匙阶段回答了这样的问题。这种方法可能需要花一些时间，特别是你用它来进行产品功能的迭代，所以大约需要一个星期到三个月的时间。

曼尼尔·罗西（Manual Rossi）用这种方法成功地创立了一个智能手机 App——"餐桌上的食物"。该 App 能基于食客偏好为客户提供一个购物清单、当地的杂货店有什么样的折和，以及大量经过厨房测试过的食谱。刚开始，罗西并没有立刻着手开发 App，而是向他的早期客户收取每月 9.99 美元的费用，让他们与自己一起在一个咖啡馆里工作，通过模拟用户界面，研读杂货店打折通告和食谱，写出物品购买清单。每当客户碰到问题，他们就一起琢磨如何简化流程，并再次尝试。通过一轮又一轮的测试，罗西学会了如何提供一个令人满意的、可扩展的服务，2014 年 1 月他所服务的客户数量超过了 100 万人（罗西是一个极端的例子。他只有在无法手动执行流程时，才会将流程的各个方面进行自动化。当他的 App 功能开发齐全时，他的企业已发展到了 20 万用户）。

金钥匙可以揭示在探索阶段可能被忽略的隐性问题。一位与我们合作的开发商曾假设，小企业主招聘时没有时间来对其收到的简历进行排序。他收到超过 1 000 份关于购买一种可以解决此类问题的产品的承诺，于是他直接制作了一个产品原型。当他把它拿给客户看时，他们却对此感到很困惑。他通过金钥匙阶段希望弄清楚究竟有什么问题。他带着一叠简历与一位客户坐下来聊天，他问道："我应该用什么样的标准来对候选人进行排序？"顾客说不知道！问题在于，不是雇主没有时间来筛选简历，而是他们不知道自己要寻找的是什么。因此，他花在开发原型上的时间彻底被浪费掉了。

聪明的绿野仙踪法

基于金钥匙方法而变化的电影《绿野仙踪》特别适合于应用程序和在线服务。在这部 1939 年的好莱坞经典之作中，多萝西第一次去拜访巫师时，看到巫师化身为一枚漂浮在半空中的喷火头。之后当小狗托托拉开幕帘时，才发现原来是一位慌张的老人正挥动着控制杆，转动着转盘，制造着这一恶魔的幻觉。在《绿野仙踪》的金钥匙情境中，你就是幕后的那个人。客户相信他们所接受的服务是全自动化的，殊不知在用户交互界面的背后，是你在手工操纵着这一切。

有时候，你甚至都不需要手动工作，你可以在其他方面"造假"。NeedFeed 创始人和 CEO 保罗·豪威（Paul Howe）决定用聪明的绿野仙踪法来测试他的想法—— 一款当人们购物时会通知朋友的 Facebook App。他的访谈得到了一些混合的反馈。潜在客户告诉他："我不会使用它，但我敢肯定有人会。"于是，他决定测试这个命题。他雇用了一名程序员编写一个 JavaScript，将他编造的消息通过自己的浏览器插入到真正的 Facebook 信息推送中，从当前登录的帐户中选取朋友的名字："你的朋友 × × 刚买了一个 iPod。"然后，他邀请潜在客户登录到自己的账户，并记录他们的反应。结果是非常负面的: 50 个人中只有 3 个人喜欢被告知他的朋友们购买了什么。

这个例子积极的一面是，豪威有两个直接的竞争对手没有刻意去验证这一想法，各自花了千万美元打造了一款 App。9 个月后，他们都失败了，而豪威有九个月时间去开发和验证他的下一个想法。

第四阶段：原型

不知道精益创业原则的创业者往往会一上来就打造原型。在你未通过一定数量的金钥匙充分测试你的假说之前，模拟出一个产品来是毫无意义的。只有当你确认了问题，证实有对解决方案的需求，并确定客户满意的时候，才是建立一个原型的最佳时机。这样做的好处在于，做完这些步骤，你就明确地知道你需要建立一个什么样的产品或服务。

原型早期不需要浪费太多的时间。为了符合最小限度可行的产品的想法，它最起码应体现出你的产品或服务的精髓，让其引人瞩目，并有可持续发展的商机。这就是说，执行必须是扎实的，你才可以收集到关于客户是如何进行互动的高质量的数据。如果它的关键功能不完整或存在很多问题，客户才不会告诉你你需要了解什么。此阶段可以短至数天，或长至一个月。

原型阶段之前总是要建立一个指标模型（详见第 8 章）。当你可以建立一个原型时，这就意味着你可以很好地找到一些关键指标，以描述用户与你的产品是如何交互、如何创造价值，以及新的客户是如何发现它的。将这些指标放到原型里很重要，这样你就可以将它们插入到指标模型中，并评估你对产品／市场契合的进展。

原型过程

首先，要完整说明你希望发布的功能，和反映你的计划是否进展顺利的指标。你可以在最初的实验后加以修改，但在这一阶段的最基本的设计重点应该不是由一次迭代过程来决定的。谨慎彻底地进行思考，能够让你不会把时间浪费在以后的重新设计、改造，或者在模棱两可的结果中分类。例如，如果你正在构建一个免费增值的产品，你需要包括升级选项，否则你将没有办法判断你的业务是否可以扩展。同样，如果你开发一个病毒产品，但你的病毒邮件系统忽略了"从……发送"的签名，那你就不能准确地衡量该产品的扩散潜力。

原型阶段维持一个高度自律的"建立 - 衡量 - 学习"的循环是很重要的。首先建立，其次进行测量，然后得出结论，征求用户的反馈，这将有针对性地帮助你增加你想要鼓励的行为（你所寻求增加的指标）。如果你不坚持按此过程进行的话，那就很容易迷失。

曾与我们合作的一个团队因其队员从来没有明确划定他们想要建立的产品范围，而使他们不得不放弃了一个非常有前途的创意。他们的产品是一个关于客户关系管理的社交工具，他们找到了一些对这个创意感到兴奋的早期采用者。但是，在设计自己的指标模型时，他们没有找到最核心的功能，没想明白如何生成规模化的业务。相反，他们建立了一个原型，并从用户那里获取了一般意义上的、定性的反应。当然，他们也接收到了冲突的信息和随机的建议。因此，他们据此修改了产品。经过下一轮的反馈，他们同样收到了广泛的批评。最初设计的产品概念因他们试图实现各种用户的建议而变得模糊。最终，连他们自己也迷失了，不得不放弃了这个创意。他们之所错过了一个很好的机会，是因为他们没有建立起一个清晰的执行计划并坚持下去。

许多工具对从金钥匙到原型的转变会有所帮助，能促使团队思考用户和产品的互动，以及如何让这些互动达到预期的效果。

画布钩

画布钩（Hook Canvas）是斯坦福大学商学院尼尔·埃亚载（Nir Eyal）所开发的一个产品，Hook 是一种用以设计推动高互动率的产品或服务的模板，即通常所说的成瘾行为（这是"钩"的一部分）。这个想法是提供触发器（例如，一个邮件提醒），会导致动作（如点击照片），导致回报（也许对更多美丽的或令人惊讶的照片感兴趣）。当该序列被重复，用户将内化触发器，并且该使用模式已成为一种习惯。画布充当了产品设计的辅助，可以让你用你自己想要的互动形式来填补空白。画布钩适用于由日渐兴起的、斯坦福大学劝导技术实验室牵头的行为设计学科。

AS IS 旅游地图

顾客旅游地图（AS IS Journey Map）描述了你的目标客户所遇到的问题和解决问题时所经历的过程。专注于客户体验的 AS IS 格式是目前最方便和快捷的互动工具。它将客户的体验分解成几个步骤，并确定在每个阶段客户是如何做、思考和感受的，他们希望和需要什么。这种共识可以帮助你在打造你的产品或服务体验时，保持对客户的专注。为每个客户形象做一个 AS IS 旅游地图（见第 6 章），并确保其严格基于探索阶段收集的信息，而不是你对客户所经历的事情的印象。

To Be 场景

如果说 AS IS 旅游地图考虑的是当下，那 To Be 场景（To Be Scenoria）描述的就是未来。它描述了那些使用你产品的客户所发生的变化，描述了他们的体验是如何随着产品的使用而改变的。如果你的产品并不旨在产生高粘合度（每天或每周）使用，这是一个很好的工具，但它对上瘾产品也有一定的作用。如果你已经在叙述中使用了画布钩的触发、行动、奖励和投资等功能，那你就可以在该工具中整合 To Be 场景。

六人行

六人行工具（Six Up）将人格与 TO BE 方案相结合，简单地介绍了六人用不同的方式使用产品，并描述了每个人的经验。这个工具对希望覆盖不同用户群体的产品有所帮助。

按照顺序，期间进行多次迭代，这四个阶段会让你得到一个对你的假说的彻底验证或者证否。你也可以不按顺序使用，但我们建议你考虑更高级的技术。一个严格进行的实验过程，可以让你以最短路径实现产品 / 市场契合。

普雷斯顿·斯莫利

对话康卡斯特硅谷创新中心产品管理执行主任普雷斯顿·斯莫利

作为全球最大的媒体公司，康卡斯特公司成立于 1963 年，总部位于费城。这是一家拥有垄断地位的集有线电视、宽带互联网、电话和电影于一身的集团，现有 12 000 名员工。再加上当时互联网创业企业的方兴未艾，带动了新的互联网时代和移动应用时代的到来。在此背景下，2011 年，由有线电视提供商康卡斯特公司联合几家颠覆性技术公司成立了康卡斯特

THE LEAN ENTERPRISE
How Corporations Can
Innovate Like Startups

硅谷创新中心。2008 年，康卡斯特公司收购了基于云的地址簿公司——Plaxo。两年后，普雷斯顿·斯莫利（Preston Smalley）加盟该公司，并重新将这个新收购的部门定位为敏捷软件开发，以及本着对精益创业方法的推广，他帮助成立了创新中心。如今，他和他的250 名同事们正在在移动端、社交网络和有线网络上打造新的产品。他与我们探讨了精益创业实验方法。

问：能否谈谈康卡斯特硅谷创新中心，以及你在那里做些什么？

答：康卡斯特公司在几年前建立了创新中心。当时公司意识到，围绕电视、家庭自动化和互联网连接的创新是由技术和软件开发所驱动的。于是收购了基于云的地址簿 Plaxo 公司，并把其纳入公司的核心竞争力，这也成为创新中心工程、产品和人才设计的基础。作为 Plaxo 的总经理，这也是我第一次尝试精益创业方法。很显然，对康卡斯特来说，我们这样做是有意义的，因此他们劝我的团队更多关注康卡斯特的产品。现在我负责产品管理，关注移动应用和下一代电视应用，有时也会与其他硅谷公司合作。

问：你是怎么了解到精益创业方法的？

答：我在 Plaxo 的这段经验非常宝贵。我加入的时候，Plaxo 是能够做到收支平衡的。他们已经开始做在线地址簿，并试图转型成为一个社交网络，希望能与 Facebook 和 LinkedIn 抗衡，直到它意识到这是一个赢家通吃的局势。因此我们不断跟客户交流，试图找出我们下一步该怎么做。很多人说："我的通讯录一塌糊涂，完全过时。我在电话上的和电脑上的联系人都不一样，我有重复的联系人，一切都不同步。请帮帮我。"

因此，我们在原来的价值主张基础上加大了投入，并设立了一个大胆的打造机器学习系统的目标，它将基于云智慧和数据源，自动找出你所有的最新联系人。但我们最初计划为期 6 个月的项目变成了 18 个月。当我们将它呈现给同样的客户，他们却说："这很好，但我不愿意为此每月支付 10 美元。"

公司继续走偏，我们不得不浪费了大部分团队一年半的时间。大约在那个时候，我拿起埃里克·莱斯的《精益创业》，顿时有种醍醐灌顶的感觉，认识到我们从未测试过人们是否愿意购买该产品！我们本可以在投入大量技术前测试我们的解决方案假说，况且我们可以在印度专设一个人去手工更新人们的地址，这样我就会马上知道人们不愿意为此买单。就如同许多人都有一个凌乱的衣柜，但他们绝不会去商店买东西来修复它，而只会整理它一样。

问：你有什么个人的创新方式？

答：我的专业背景是计算机工程。我在易趣公司做了七年的设计，工作期间获得了一个商学学位。在我看来，创新的机遇往往出现在趋势重叠交替的时候。每当我发现一个客户问题，之后一旦听说了一项有趣的技术，便会马上从中发现新的商机。

下面是一个例子。现在，人们都希望让自己的娱乐体验更加个性化。他们希望康卡斯特公司知道什么是他们感兴趣的电影，并作出建议。但是，我们无从知道谁在观看电影，因为没有人会愿意在看电视时去登录或登出。同时，我发现可以用低耗能蓝牙作为轻量级的 cookie 记录和跟踪人们行为的方法。我想如果可能将这两件事情放到一起考虑，我们倒是能构建一个平台，来告诉我们谁在看什么，我们就可以为他们提供个性化的体验。这将是一笔很具商业价值的生意，它不仅可以作为一种体验，而且还可以作为广告的平台。商业世界、高技术和用户这三个世界的重叠就能激发出一个创新。

问：你的项目是如何通过实验过程的？

答：我们像风投一样考量项目。在种子阶段，我们会对项目进行评估。如果它看起来不错，我们会为它提供种子基金，这意味着我们会为这个项目提供几个人和 1 个月左右的时间。如果他们能够证明自己的假设，我们给它"A 系列"的资助，让他们建立我们所说的最小可测试的产品，虽不是完全可行，但也足以检验我们从中了解到的一些东西。如果顺利的话，我们可能为了建立一个 MVP，做一个"B 系列"。我们同时也在寻找退出时机。我们不希望成为业务部门，运行所有这些东西，所以我们会在公司内部寻找另一支团队，我们给他们一个成功的 MVP，这样他们就可以继续将此项目扩展下去。

问：在你的实验中，有多大比例是致力于探索？

答：大约 10% 至 15% 用于用户访谈和其他探索，15% 用于推介，15% 用于金钥匙，剩下的 55% 用于原型开发。

问：你是如何找到潜在客户的？

答：这将取决于我们试图接触哪些人群。如果从当地找人，我们已经与 Craigslist 公司有些合作。如果我们要发布产品，我们有一个实验小组可以安装新的机顶盒，并且将其交给现有的、表示过"我对访谈感兴趣"的康卡斯特公司客户，他们会进一步扩大范围，例如，三分之一的湾区居民会得到一个新的机顶盒，但我们已经在小规模使用它们。我们也通过在 Facebook 上打广告招募。针对类似 Plaxo 的市场，我们制作了一款名为"BirthdayGram"的产品。当时的想法是，让某个人的所有朋友录段小视频，我们再将它们拼接成单个视频并在他们的生日时，将其发布在个人的 Facebook 墙上。我们认为我们的早期采用者是青少年和大学生，而我们也希望找到那些愿意让自己上镜的人，因此我们做了一个 Facebook 的广告活动，找到那些合适年龄段的、喜欢跳舞的女孩。

问：观察和重现在你的实验过程中发挥什么样的作用？

答：我们曾做过家庭人种学研究。我们围绕着家庭沟通做了一些观察。我们想了解家庭，尤其是有青少年与儿童的家庭是如何沟通的。

他们如何谈论他们的日程安排？他们平常如何与对方接触？我们跟踪了一些家庭，观察家庭成员之间的互动，从而生成了一个MVP的应用程序"连通家庭"，让家人们分享彼此的消息和日程。他们可以说："来接我。"并上传位置的图像。他们可以按下一个按钮并输入一个共用电话，它可以让每个家庭成员参与电话会议。这一概念就是从用户观察中而来的。

问：你对成功的客户交互有什么建议？

答：当让人们置身于自然的环境中，你可以看到他们做了什么，而不是他们说了什么和做了什么。我认识一个曾经在宝洁公司汰渍部门工作的人。每当他问人们如何洗自己的衣服时，人们总是说他们的母亲告诉他们要将白色和其他颜色衣服分开，分别洗。但是，当他观察时，却发现他们总是把衣服放在一起洗。如果你没有亲眼看见他们洗衣服，你就不会意识到这一点，因此宝洁不得不研制出在这样的混合环境中洗涤效果更好的洗涤剂来。

这就是我们在 Plaxo 不得不面对的同样问题。人们会说："我喜欢有一个整洁的通讯簿。"但实际上他们并不真的在乎。

问：你通常采取何种形式来进行推介？你用登录页面吗？还是别的什么？

答：一般我会采用口头的方式，但也可以是我们已经模拟出的素描或像纸一样的原型截图。这些都是主要方式，直到你进入金钥匙或绿野仙踪原型阶段。

问：你一般都收集哪些象征客户兴趣的东西，比如 E-mail 地址或信用卡号？

答：我们尝试过一个非常有用的方法，就是要求人们在我们提供的产品或礼品卡之间选择。例如，在音乐视 App 的早期阶段项目中，我们问："5 美元，你会选哪种？让你的电视播访音乐视频App，还是 5 美元的 iTunes 礼品卡？"这比决定是否购买一个每月5元的服务更为容易，因为大多数青少年不需要签署每月的服务（那是父母该尽的职责）。要么我要有这样的服务，要么得到这个礼品卡。它让我们清楚地了解了提供哪种服务对青少年而言是有价值的。

问：什么情况下你会去构建一个原型？

答：你之所以会建立一个原型，可能是因为你不清楚客户会对你的创意如何回应，或者你不知道是否该技术是可行的，它的实用性如何。低能耗蓝牙的原型就是如此。我们想看看我们是否可以区别用户到底是在他们的客厅、厨房还是卧室使用该设备，因为这些位置对他们将如何使用电视有着不同的意义。这一原型很成功，现在我们就要开始让客户进行尝试。

问：你有什么方法来构建原型？

答：我们通常有三种方式。其一，从其他厂商的产品中获得一个解决方案。例如，我们最近测试的一个概念是关于音乐视频应用的。人们喜欢在电视上看音乐视频，但很难找到特定的人。我们试图扩大实验范围，观察青少年们在点唱机／课后场景中是如何互动的。因此，我们把VEVO视频App绑定在苹果电视上运行，并找来10个青少年。他们表示从来没有使用过这种技术，所以他们只知道我们开发了这项技术。

其二，我们会让人们使用我们自己开发的技术。其三，我们可能会将有用的产品提供给少数客户，比如20至30个客户。对于音乐视频项目，我们建立了一个可以用电视机遥控的类似于Spotify的应用程序。我们让中西部地区的20名青少年尝试了一下。我们意识到他们喜欢，但还远没到渴望使用它的程度。这些数据告诉我们，如果我们希望在这条路上走下去的话，那我们要么去深挖音乐，要么让这个音乐视频功能的特点具备更广泛的远程控制设置。

问：对一个成功的原型过程，你有何建议？

答：昨天我刚与我的团队进行过类似的讨论。你不该为那些显而易见的或不能让人感到意外的产品建立原型，比如一些你知道你可以做、它会如何工作，以及客户如何会回应的产品。你要测试的是你的计划中最具风险的部分。

问：你是否会结合使用创新会计、金钥匙和原型？

答：我期待更多地使用它。我们正在跟踪我们在某一特定的创新项目上花费了多少成本，付出了多少人力时间，以了解我们的支出，并与其他机会相权衡。我们还会盯着公司的最终收益机会。这也许不是直接的收入，但它可以留住或获得更多的客户。

问：你如何避免企业品牌遭受 MVP 影响的风险？

答：我们做了三件事：首先，我们推出的产品是一个单独的品牌——BirthdayGram，它隶属康卡斯特公司旗下，但被定位为一个独立的品牌，你得深入了解才知道这是康卡斯特公司的；第二，我们推出了一个康卡斯特创新实验室，并明确告诉该品牌的客户，这些东西都是实验技术，可能会被废弃或合并，这是你参与游戏的机会；第三，我们有多种实验方式和让客户做的 A / B 测试。我们可以针对特定地区和特殊环境制作一些小样本，我们可以看到在它被扩散到数以千万计的客户之前，它是如何起作用的。

问：你如何决定使用哪种方法？

答：一种方法是考虑产品会对品牌带来多少风险。对品牌构成的风险越大，我们就越有可能去设立一个单独的品牌。而另一种方法是新产品有多大的可能性被整合成为主流产品。如果它有可能成为主流，我们更有可能使用康卡斯特创新实验室或可能在康卡斯特品牌之下试行。越早推出该项功能，离康卡斯特品牌就越近，反之亦然。

问：你是否能告诉我们一个原型会在何时转型？

答：最近，我们与 Twitter 建立了合作关系，在全美范围内开展社交电视服务 SEE it。Twitter 的受众喜欢讨论电视节目，但是人们无法在 Twitter 上收看电视节目。我们有许多方法通过互联网远程来控制电视机，但它与 Twitter 上的对话是相互割裂的。因此，我们需要做的就是与 Twitter 一起开发一个 App，当人们发送关于电视节目的推文时，App 上会出现一个按钮可以录制节目、能够转换你面前电视的频道，或让你在 iPad 上看到。该服务按照精益创业方式从概念发展到初始原型，但我们大约在发布 MVP 一个月前就转型了。

问：你是怎么转型的？

答：最初的产品关注的是有线电视。当用户点按钮时，他们通常需要确定电视节目提供商，然后我们与该电视提供商合作打造具有针对性的体验。时代华纳所支持的是某种体验，我们支持的是另一种，而 DirecTV 所支持的又是另一种。如你所见，整个过程用户需要点击无数次，因此，我们认识到，我们需要创建一个和供应商无关的体验。我们还意识到，我们需要让创造内容的程序员参与进来——ABC、NBC、HBO 或任何人，并将他们的应用高度整合到该体验中。他们的 App 或许还不能安装在用户的设备上，所以我们不希望在这一过程的最开始就产生阻碍。这需要改变我们的业务发展模式，去与电视提供商、程序员之间展开合作。

问：从中你获得了什么经验？

答：从中获得的经验告诉我，你不仅需要伟大的创新者，还需要有好的业务拓展。我们在硅谷的团队与在东海岸的康卡斯特团队，与伟大合作伙伴如 Twitter 之间有着相互很默契的协同关系。总之，我们已经战胜了没人能破解的挑战。

THE LEAN
ENTERPRISE

THE LEAN
ENTERPRISE

THE LEAN
ENTERPRISE

THE LEAN
ENTERPRISE

第 8 章

创新会计

THE LEAN
ENTERPRISE

THE LEAN
ENTERPRISE

THE LEAN
ENTERPRISE

THE LEAN
ENTERPRISE

THE LEAN
ENTERPRISE

按照传统的会计，商业的成功与否是由底线衡量的。具体来讲，就是营业收入要超过支出，越多越好。但是，如果你仍然在寻找商机，那你不会知道你的产品将是什么，谁将会使用它，他们将如何使用它，或这笔钱将从何而来。你可能没有收入、毛利或利润，没有任何财务历史记录可以提供一个到达盈利能力的时间表。你不断壮大的公司在价值方面稳步增长，但可能需要花上数年才能真正开始盈利。

在这种情况下，传统会计对那些即将失败的初创企业和那些正处于突破边缘即将成功的企业来说，不会有任何区别。你可能会孵化下一个Pets.com，或者你可能正在见证下一个Facebook曙光的到来。会是哪一种？

创新会计能够带给你一个评估差异的方法，在以前模糊的领域中创造出可靠度和透明度。精益创业技术允许创业者追踪他们的进步，并让金融决策者来衡量其投资的市场潜力。

区别于传统的财务，创新会计是基于用户行为的测量。它揭示了企业是否在以长远财务成功的方式来看待成长：网站访问者的回报百分比是多少；有多大比例利用这个功能；有多大比例能发展成为付费用户？这些指标形成了电子表格指标模型的基础，可以让你预测理想情况，随时间的进程将其与实际性能相比较。这样，该模型可以让你作出明智的预测，评估企业是否满足了这些预测，并最终做出坚持不懈还是转型的决定。

指标非常具有吸引力，因为它们为观察一个商业项目是否可行提供了确凿的证据。如何选择正确的指标进行跟踪却非常棘手。没有千篇一律的模板可以驱动每一个产品。它需要尽可能多的精力去了解与产品相关的指标，基本上和花在产品开发上的精力一样多。连续创业者丹·马泰尔（Dan Martell）估计创业团队30%的时间要贡献在观察指标和构建工具上，以帮助更好地理解这些指标。

turntable.fm的兴衰说明了这一点。DJing社交服务在2011年5月推出后，产生了病毒般的轰动，在短短三个月内就累积了每月36万的活跃用户，达到3 700万美元的估值。这项服务是会让人上瘾的（因为我们可以亲身证明），但无论是打碟或评论当前 DJ 的选择，它都需要很高的用户参与度。用户无法贡献自己的全部注意力，尤其是在工作时间，很快他们就开始离开。一个精明的指标模型应该可以测量的最重要的变量是网站的病毒式增长：有多少比例的游客成为注册用户？平均而言，注册用户在该网站花费多少时间？随着时间的推移，他们的流失率是多少？如果指标表明，用户参与度正在陡然下降，创始人就可能会添加功能，让人们更容易登录和登出。与之相反，如果它的用户群蒸发，那开发者就会关闭该服务并转型到生产在线直播活动，未来并不确定。

对于任何特定项目的关键测量取决于产品设计、经营模式和顾客心理，这需要用心和实践，识别并模拟出最好的效果。一些概念也许对思考这些问题有所帮助，它们是：虚荣指标（Vanity metrics）与可操作指标（Actionable metircs）、海盗指标（Pirate metrics，一个有趣的名字，用于形容从一个橱窗浏览者到死忠粉的进度的数字）以及增长引擎。

虚荣指标与可操作指标

企业家的关注点往往集中在精益创业大师埃里克·莱斯所提到的虚荣指标上——那些听起来令人印象深刻的数字，但没有揭示出更多的关于实际的业务。虚荣指标趋向于汇总：美元总数、页面浏览总数。技术新闻网站充满了虚荣指标。如 TechCrunch 的一个标题党——"Google+ 在两个星期拥有 1 000 万用户"。千万用户是一个令人印象深刻的数字，但它没有提及他们待了多久，他们是否回来了，他们返回的频率有多高，他们的所为是否可以变现。Google+ 的可能注册人数翻千倍但仍然以失败告终，这是因为他们注册后，就永远不会再来。同样，一家公司已经募集了 1 亿美元只是告诉你，该公司善于筹款，而并不意味着这是一个很好的业务。它的总收入会告诉你，它可以让客户打开他们的钱包，而不是其业务是否可持续。

此外，虚荣指标还可以用来耍花招。与投资者开会之前，创始人可能会让博客朋友发布一些有利的帖子或购买谷歌广告，以产生一个及时的实时广告。访问者也可以不用注册他们的服务，或让他们注册的费用可能远比他们将付出的金额多，但创始人可以说他们的创业是一个巨大的成功！

而另一方面，可操作指标则反映了对增长至关重要的用户行为。这些数字是可行的，因为它们有助于你做出如何优先新的功能、分配资源以及调整价格等决定。这些数字往往是平均到每个用户的：平均每个客户的用量、每个客户的平均利润等。例如，对于一个照片共享 App 而言，一个可操作的指标可能是每个用户每月平均上传照片的数量。而对于一个汽车共享服务，它可能是每个客户平均每月使用该车的时间。客户的总数可以相当小，但仍然能够对企业如何进步、如何让它成长得更快提供有效的观点。

我们发现，虚荣和可操作指标更多的的区别在于，它们是在怎样的背景下提出的。如果你只是声称有 10 000 个注册用户，你提供的是一个虚荣指标。但是如果最后每月添加了 3 000 个注册用户，每一个用户平均带来 3 个朋友，那这 10 000 个注册用户，意味着你的产品有潜在病毒式传播的潜力。

海盗指标

另一种指标是衡量营销漏斗下方的客户历程。著名天使投资人戴夫·麦克卢尔（Dave McClure）的指标分类是按照其是否涉及客户获取、激活、保留、转介，或涉及收入或 AARRR。大声说出这个缩写，你就会知道他为什么把他的计划叫作"海盗指标"（Pirate metrics）。我们的目标是以尽可能低的成本让最大数量的人群穿过营销漏斗。

- 获取是指人们转化为客户的过程。在网上，它是通过点击或注册实现的；在零售环境中，它通过购买发生；在服务环境，通过一个签字的合同实现。重要的获取指标涉及带来潜在的客户的渠道，包括搜索引擎优化、公共关系、广告、竞赛等。
- 激活是指新客户转化为快乐的顾客。没有办法来客观验证这一点，所以如何衡量它取决于你：一定数量的时间花费；具有一定规模的页面浏览量或点击量；一定数量的金额花销。

- 保留是指客户忠诚度的指标，包括回访、续订、会员期等。保留指标包括电子邮件打开率、RSS 点击率、访问量，并在注册之后、成熟时间框架内的其他活动（比如，3 天、7 天和 30 天）。

- 转介是指客户为你的产品介绍新人的速度和这些新介绍的客户的活跃程度。病毒式产品依靠的是这种属性。

- 收入是不言自明的。影响收入的任何可测量的行为都属于这一类，包括响应升级的速度、自动弹出的建议（"如果你喜欢这个，你也一定会喜欢那个"）等。

海盗指标框架对确定需要被包括在一个指标模型内的数量来说，是一个有用的起点。不过，具体的测量取决于设计、用户心理，特别是产品或服务的增长引擎。

增长引擎

在通常情况下，你需要一个销售团队来销售产品。队伍越大，产品销售得越多。但是在互联网世界，一些产品可以进行自我推销。它们的设计采用了莱斯所说的增长引擎（engine of growth），可以自行推销，微调增长引擎就可以使增长提速。产品的增长引擎可以提供线索，看哪些可操作的指标需要列入其指标模型。

在线产品往往使用以下三种类型的引擎中的一个。它们的定义有点模糊，往往会相互重叠。从根本上说，一个产品或服务可以是病毒性的（viral）、有黏性的（sticky）或需要付费的（paid）。

- **病毒性。**这一增长引擎是由推荐驱动的。使用病毒式产品就等同于分享它。Skype 就符合这一描述。如果你想使用它，你要通话的各方必须安装这个软件。如果他们不这样做，你会要求他们下载该软件，并且他们会得到好的激励，下载来换取免费的电话服务。而 Dropbox 也需要共享文件，你需要接收文件方一起下载

Dropbox，如果他们不订阅 Dropbox，你会向他们发送邀请。打造一个像这样的业务，关注在于反映共享、邀请和新注册关系的指标。

- **黏性**。基于黏性增长引擎的业务产品能刺激用户的高参与度，而且其用户会面临着巨大的转换成本。收入依赖于增销，通过提供提高客户的终身价值的增强功能、配件以及套装。乐高就是一个伟大的例子。客户花钱买积木，然后他们会受特殊配件所蛊惑而延展标准模块的价值和效用，搭建主题场景（动物、节假日、超级英雄和星球大战）。

- **付费**。基于支付这一增长引擎的公司会向客户收费，来支付广告和其他公关渠道的费用。约会网站就是一个典型的例子。它不具备黏性，是因为客户只会使用到他们找到一个稳定的约会对象为止；它不是病毒性的，是因为他们一般不愿意告诉他们的朋友，恐怕留下负面的印象。最重要的指标是每个客户的终身价值，获取每个客户的成本。这种生意只要前者超过后者就可以保持存活。

各个特定的增长引擎指明哪些指标能构建一个有效的指标模型。例如，对病毒性产品来说，新增注册用户的频率（通常被视为一个虚荣指标），不及当前用户导致新注册的行为的频率重要（这被认为是可操作指标）。由这些指标构成的模型传达了一个清晰的图景，描述客户与产品之间的互动将如何影响商业成长。跟踪它们一段时间，将对它们是否有潜力成长为可持续发展的企业形成合理的判断。

构建指标模型

指标模型为发现产品最重要的指标提供了洞见。它可以展示一个指标的变化将如何影响到整体业务。这种洞察力可以帮助你确定模型的哪一部分是风险最大的，因而是最需要微调的。当只有少量的客户时，传统的财务指标太小没有意义，而一个指标模型甚至在很少客户的情况下仍可以明确传达企业的潜力。

建立一个模型是开发最小可行产品（MVP）原型前的关键一步，尤其是软件原型，并且，取决于你有多充分地验证你的解决方案，这也是你提供 MVP 金钥匙之前进行的一个步骤（见第 7 章）。该模型为开发人员提供了一个必须由 MVP 测量的顾客行为列表。如果你未按顺序进行这些步骤，你很可能会浪费大量的时间和努力，改造 MVP 来收集你的模型所需的数据。所以，你一定要在开始开发一个原型或金钥匙 MVP 之前，准备好指标模型。

要建立一个模型，首先要确定反映通过营销漏斗的客户历程的可操作指标，以及它们如何在相应增长引擎中运行。有些是基本的，像访问率、注册量（获取）、使用（激活），收益（保留）、邀请（推荐）以及支付（收入），需要认真分析做出选择，能反映你特定的解决方案如何为客户产生价值，以及让公司成长。回答以下这些问题可以提示相关的指标。

- 客户如何找到产品？
- 当他们找到时，有多大比例的人会尝试？
- 当他们尝试时，有多大比例的人会乐意使用？
- 当他们感到满意时，有多大比例的人将升级或支付？
- 他们使用它的频率如何？
- 是否增加使用量会让客户愿意支付额外的服务或功能？
- 公司是否能通过在广告或销售上的投入快速获利？
- 该产品是否仅在与朋友一起使用时是有用的或有价值的？
- 该产品的价值是否会随着客户增长而提升？

一旦你建立了一个模型，你可以先填充虚构的数据——一些在你看来可以构成一个可行业务的数字，这被称为理想的情况，虽然它不一定理想，但这是一种你会乐意看到的、乐观的并可以实现的情况。

细化理想的情况，类似于在运行实验之前设置成功标准。你是在作一个预测，即该模型在现实世界中将如何表现。你的预测和现实世界表现之间的距离可以为你对市场的了解程度提供有价值的反馈。它还可以帮助你避免追溯连贯性的陷阱（一种倾向于事后回顾的心理，因为它证实了你一直都知道的事情）。

接下来，在一系列的冲刺中，你会收集真实数据来替代虚构的数字。最初的现实指标被称为基线（这些测量可能来自原型或金钥匙实验。研究和推介方法往往产生定性信息，不会进入到模型中）。每个冲刺都应该通过部署新的功能或改进现有的，缩短理想与基线之间的差距。该模型将帮助你识别哪些用户行为值得鼓励，并强化它们，现实的指标应该尽量接近理想的指标。

精益创业

许多人似乎认为提高企业性能的方式是改善用户体验。但如果你提高的是客户所讨厌的产品或服务的用户体验，那只会加剧他们对它的憎恨。唯一提高性能的合理途径就是找出可操作指标，对产品进行实验性调整，看看数字是否朝着理想的方向移动。

在每一个冲刺的最后阶段，分析数据，吸取相应教训，并做出转型或坚持下去的决定，也就是说，继续开发项目或开始一个新的假说。部分产品会达到一个瓶颈，到那时，他们的表现并不会每周朝着理想状态靠拢，或基线仍然距离理想状态甚远，那它就是不值得追求的。在这种情况下，转型大概就会变得紧迫了。另一方面，如果你的实验是成功的，产品的性能每周都将会更接近理想状态。什么时候现实的数字达到或超过理想的情况，你就肯定能实现产品/市场契合。

教程：为在线订购业务建模

让我们建立一个可订阅的产品销售指标模型。我们已经进行了实验，验证了我们假设的一组特定客户有一个问题，我们的产品能解决该问题。

客户注册后每天会收到五篇独家文章。他们可以免费获得包括广告在内的版本，但他们也可以每月支付 15 美元来接收没有广告的版本。企业有现成的业务部门负责内容生成，我们可以给它授权并打包出售。当业务达到指标模型确认的产品／市场契合时，企业能够收购该初创企业，并通过在已经有着高流量的网站上打广告来扩大其规模。

实验结果表明，当价格合适，而且当用户分享一部分为病毒式传播而设计的产品时，该业务将病毒式地获得大量新客户。我们可能从每个用户身上赚得很少，因此我们需要大规模的用户。问题是我们现在是否能够将业务发展到足以产生引人注目的利润。该模型应该可以回答这个问题。

如表 8—1 所示，我们打开一个电子表格。行是指标，列是周冲刺。让我们填写表格，建立一个理想的情况。

表 8—1

	1	2	3	……	9	10
媒介导流（周）	100	100	100		100	100
推荐流量	0	0	0		0	0
新推荐流量	0	100	240		2 578.56	3 475.46
推广流量	0	0	0		0	0
总流量	100	200	240		2679	3575
获取速率	0.1	0.1	0.1		0.4	0.1
创建账号	10	20	34		267.856	357.536
总账户	10	24	34		347.536	464.6784
活跃率	0.4	0.4	0.4		0.4	0.4
已读文章数	4	4	4		4	4
平均分享文章数	2	2	2		2	2
每篇文章平均分享数	5	5	5		5	5
每周推介	10	10	10		10	10

（续上表）

新增账号支付比	0.33	0.33	0.33	0.33	0.33
总支付账号	4	10	17	55	186
停留率	0.99	0.99	0.99	0.99	0.99
平均广告收入／免费用户（美元）	0.01	0.01	0.01	0.01	0.01
平均广告收入／付费用户（美元）	9	9	9	9	9
新增收益（美元）	36	180	180	2 411	3 217.82
招募收益（美元）	0	0	0	0	0
总周收入（美元）	36	180	306	2 411	3 218
月度运行率（美元）	144	720	1 224	9 643	12 871.30
					4 182.11

表 8—2

	1	2	3	……	9	10
媒介导流（周）	100	100	100		100	100
推荐流量	0	0	0		0	0
新推荐流量	0	200	680		137 533.76	32 2263.36
推广流量	0	0	0		0	0
总流量	100	300	780		137 634	32 236.63
获取速率	0.2	0.2	0.2		0.2	0.2
创建账号	20	60	156		27 526.752	64 472.672
总账户	20	68	180		32 226.536	75 483.3728
活跃率	0.4	0.4	0.4		0.4	0.4
已读文章数	4	4	4		4	4
平均分享文章数	2	2	2		2	2
每篇文章平均分享数	5	5	5		5	5
每周推介	10	10	10		10	10

（续上表）

新增账号支付比	0.33	0.33	0.33	0.33	0.33
总支付账号	8	27	72	12 891	30 193
停留率	0.99	0.99	0.99	0.99	0.99
平均广告收入 / 免费用户（美元）	0.01	0.01	0.01	0.01	0.01
平均广告收入 / 付费用户（美元）	9	9	9	9	9
新增收益（美元）	72	540	1 404	247 741	580 254.05
招募收益（美元）	72	0	0	0	0
总周收入（美元）	286	540	1 404	247 741	580 254
月度运营率（美元）	0	2 160	5 616	990 963	2 321 016.19
					679 350.36

第一组指标代表客户获取渠道。我们通过谷歌的 Adwords 导入小的流量（来自 Adwords 的点击），因此我们指望每周从该来源收集 100 名潜在客户。由用户分享会进一步推动流量（新转介流量），因此我们计划，如果有必要就以特别优惠的活动提高流量（推广流量），但现在它们并不重要。

我们预计总流量的 10% 将转换为注册用户，获得支持广告的免费版（获取速率），第一周产生了 10 个免费账号（总账户）。

我们定义激活客户为那些前两周四天之内读了文章的人，我们预计有 40% 的客户激活（激活率）。平均而言，这些客户将每周通过社交渠道分享两篇文章，转发 10 个朋友（每周转介）。每篇文章平均得到 5 次浏览。

根据以往的金钥匙实验，我们已经确定三分之一的激活客户将每月支付 15 美元获得无广告的文章（新注册账户成为付费用户的百分比），第一周获得 7 个付费用户。客户使用产品越多，他们越有可能升级到付费版本。

金钥匙测试还表明，每月至少看四篇文章的客户足够喜欢该服务，因此，我们预计有99%的激活客户会坚持下来（每周保持率）。这是一个会让人高度上瘾的产品。

这些相互作用产生了很少的广告收入（平均广告收入／免费用户），每个用户收费9美元（平均收益／付费用户），第一周共计36美元。

将之扩展到10周会表明，它不是一个可行的业务。第10周的月营业收入仅为4 182美元。我们可能宣传招揽新客户，但该模型表明，每月只会产生固定的数量。我们可能瞄准更高的激活率，但只会以线性方式提高每月营收。如果如表8—2所示，提高获取速率，那营业收入就会成倍增长。获得客户速率增加了一倍从10%至20%，就产生了679 350美元的营业收入——表现不差。

现在我们知道，新客户获得率是成功的关键。我们将进行第一轮产品修订来实现这一指标。这正是我们尽可能促进人们注册的时机：让注册尽可能简单，鼓捣登记页复印，呈现报价，注册送礼物，给那些接收共享文章的人提供尽可能有吸引力的服务。

在这一点上，我们已经准备好发布产品，并开始收集现实的指标。通过观察指标走势如何，我们可以确定哪些对成功来说是最重要的。在第一或第二周，我们可能会发现，升级比例不是33.3%，仅是10%。我们从对客户的进一步采访中了解到，如果他们可以免费尝试Pro版本，那之后更容易升级。于是我们开发了允许用户输入信用卡号码的功能，第一个月免费试用，之后便会自动扣款，直到他们取消为止。

在进一步的测试中，升级率高达25%。我们为了在短期内获得大量注册用户而牺牲了收入，但我们仍在转换大部分的用户群到支付用户。我们可以尝试在免费版本中插入更多的广告来弥补收入上的损失，看是否对升级具有积极作用或对保留有负面影响。

我们能坚持多长时间呢？答案取决于现实世界的商业表现和过去的经验教训。我们已经在客户访谈和用登录页面验证上花了一周时间，两周时间用于金钥匙阶段，用一周时间勾勒概念框架和创建指标模型，用 2 到 6 周时间设计和开发最小功能集。一旦该产品下线，我们将另外花四到八周在现实世界中细化和微调该产品。假设中间每一个迹象都是积极的，我们可能会花 12 到 18 周才能让一个应用程序达到产品 / 市场契合。

通过选择合适的指标、建模、实验与原型，我们可以得到一个关于我们的业务将如何在现实世界中进行的清晰框架。这需要排除创新中大量的不确定性，在失败者花光预算之前，将我们的资源投入到创意中去。

法布德·尼维

THE LEAN ENTERPRISE
How Corporations Can
Innovate Like Startups

对话 Learnist 联合创始人法布德·尼维

法布德·尼维（Farbood Nivi）是精益创业指标方面的专家。埃里克·莱斯在自己的书中提过 Grokit。2013 年 7 月，尼维将 Grokit 的名字出售给卡普兰公司，从那时起，他一直专注于 Learnist——一个提供众包、众策的教育电子书的在线服务。2012 年 5 月 Learnist 进入内测版，三个月后推出了第一个移动 App。在获得 Discovery、Summit、Atlas、Benchmark 和其他公司的 2 000 万美元投资后，2013 年底达到 100 万用户，尼维抽出时间来解释他是如何使用指标来获得下一个 100 万美元的。

问：你有什么个人的创新方法？

答：我经常嘲笑"创新"这个词汇。这是一个人们会一遍又一遍说的词，直到你完全厌烦了。我现在甚至不知道这意味着什么。

问：谈谈你的产品开发方法？

答：我有两种开发方法：一个是直觉的做法，问问："如果你可以这样做，难道不是很酷吗？"很多想法都是从这个问题产生的；另一种是弄清这个想法是否只是听起来很酷，还是它实际上可能就很酷？它是否解决了问题？问题是什么？谁有这个问题？而且，最重要的是，这个问题有多大？我坚信，我有无限多的问题，在我的一生中，有99.9%的问题我解决不了。所以，真正的问题是，这个问题是否足够大到有人会做些什么呢？如果你开发一个产品，只是因为它解决了一个问题，那你就有99.9%的可能性会失败。大多数人不会试图去解决99.9%的问题。他们没有时间处理所有的问题，所以他们只处理最重要的。

问：**关于指标，你有什么方法**？

答：我们多年来一直在践行指标，不断地学习、改变和微调。一旦你将那些对业务很重要的宏观层面的指标计算进去，它们就不会有太大变化。这些都是在商业决策时你要使用的。接下来就是与你构建的功能相关的指标。通过使用这些指标，你可以获知这些功能是如何、在哪里、何时被使用的。这些指标会随着你增加、削减和修改功能而改变。这两种指标你都需要关注。另外，我坚信，有一个专门管理指标的人是极其重要的。如果你的团队仅有两到四人，那你是不可能设定专人的。但是，如果你的公司努力实践精益创业方法，你手下有15或20人，那就应该设立一个全职管理数据的人。那个人并不需要有计算机科学博士学位。你需要有人全职掌管数据，与股东合作指导和报告相关工作，这样，你就可以判断你正在做的事业前景如何。

问：**你如何选择正确的指标**？

答：发现那些对你的业务举足轻重的指标是一个探索的过程。说到底，这和你的商业模型密不可分。你可能会开发一个很酷的应用程序——"让我们看看是否能获得几百万的用户，然后找到一种商业模式"。在这种情况下，你只是想每月获得百万用户，所以这只是一个数字。也许你要建立一个基于广告的业务，于是每月的用户量并不重要，而页面访问量却很重要。先看看市场中竞争对手的数字，再纵观你的表现。在某些时候，你需要引进投资者或出售业务。投资者或收购者认为哪些指标与你的行业有关？如果你经营的是一个基于广告的业务，你谈论每月用户的数量，市场可能不理解："我们不在意。我们想知道每个月能达到多少的用户访问量。然后我们就可以判断这是不是一个优秀的生意。"与特定功能相关的指标能够为你提供信息，让这些功能以你所希望的方式工作。你可能会认为一个特定的功能应该不会对宏观指标——那些对你的业务来说关键性的指标造成多大影响，但事实并非如此。当然，这也不意味着你应该放弃该功能。你需要看看该功能周边的指标，也许你可以解决问题，让它对宏观指标产生正面的效果。有时，某个功能自己运行得很好，但总体上对业务关键性的宏观指标却是毁灭性的。如果只是跟踪与功能相关的指标，你可能会得到很多好处，但你不会提高业务。但是，如果只关注宏观指标，你可能会不明白为什么应该有效果的功能没有起到作用。

问：什么是 Learnist 的基本指标？

答：只有少数指标是我们真正关心的：逐月保留率、访问量、用户返回率——与逐月保留率和用户每月平均使用次数相关。我们创建功能旨在影响这些数据，创立指标，然后看其是否起作用。其中一个假说是，如果人们能够获得更新鲜的内容，他们将与该应用互动更多并提高保留率。因此，我们打造了一个实时应用，发布并对其进行观察。我们观察到它有很大的提升，随后逐渐平缓。现在，我们会总结从该实验和其他数据中学到了什么，并将它运用到我们的下一个冲刺中。我们比去年这个时候增长了 20 倍，让我们感觉良好，推了几次百万份活跃的月刊。现在我们必须再次这样做。

问：你是怎么决定你的基本指标的？

答：首先，我们作出假设。这项业务的成功必须具备哪些因素？然后，我们选择指标来反映每个假设和部件，以确保我们获得这些数据。

我们发布应用程序，并得到每个数据的基线。我们模拟运行业务，观察这些数据是否会导致一个可持续的业务。我们建立了一个商业智能仪表板（Dashboard），上面有用英文写的每个假设，其旁边都标注着我们跟踪的指标，以及对业务模型的反馈。

问：能否给我们介绍一下仪表板？

答：我们建立了一个非常简单的仪表板，因为我们在过去已经建立了很多复杂的仪表板。你必须让事情变得简单。我反复强调，建立良好检测的费用会让你难以得到很好的指标。我们已经从大部分使用我们自己的工具，转变为尽可能使用我们所能拿到的现成供应。

问：建立过度良好的检测为何会让你难以获得很好的指标？

答：当你自己做测试时，你实际上是在构建另一个产品，这无疑会占用本来可以投入原有产品的资源。相反，它们被用来创建一个图表以展示你的指标。根据你的团队规模和你收集的数据量，它会不同程度地拖后腿。你试图建立 Instagram，但你同样也在构建测试产品，但一次试图做太多，对小的组织来说，无疑是自寻死路。你不会意识到它正在发生。它会突然发生："我们在做两个产品，没有一个是成功的。"我有一位量子物理学家专门做数据分析，但我们宁愿他花时间弄清楚数据背后的意思，而不是写代码做测试。我们也曾经历过这样的阶段：产品要花 3 周时间来做测试，但担心是毫无意义的。我们仍然可以在一两周之后看一下数据，这不是世界末日。最关键的一点是要设法匹配你测试的速度和你开发新功能的能力。

问：你用什么工具？

答：我们是谷歌 Analytics 的超级铁杆粉丝，我建议人们投入大量的精力来好好使用它。如果谷歌 Analytic 不能提供你所需要的信息的话，那我会怀疑你是否正在寻找合适的信息。我们还使用 Chartio。它可以让你将自己的数据与谷歌 Analytics 混合来产生图表，我们用它来教育组织内的其他股东。我们已经建立了一个很好的分割测试的基础设施。我们用自己的代码和第三方组合，可以很容易地运行分割测试并得到反馈报告。

问：你还记得当指标发生变化时你是转型或坚持下去吗？

答：对我们来说，最重要的事情是要看回报率。我们要看看我们是否能够不花钱让人们返回来。如果早期自然回报率不超过30%，那它就不是一个可以继续下去的业务。我想应该试着翻两倍。如果是5%到10%，或者是10%到20%，就意味着你并没有获得成功。但是，如果你可以将回报率从30%提升到60%，这就很好。因此，当我们到了30%，它是一个重要的里程碑。

问：你是否认为这是产品／市场契合的最佳时机？

答：这取决于你的定义。任何处于早期阶段的事情都从团队、想法以及市场中产生。在一定程度上存在市场、员工和投资者这三者中两者之间的结盟，他们可能会希望发生什么。最终你可以让涉及其中的参与者都认为未来值得探索，因为潜在的回报非常高。

问：你怎么定义产品／市场契合？

答：有人说，当你到达那里，你就会知道。这就像说当你有10亿美元时，你就会知道自己是有钱的。我想知道我什么时候能越来越有钱。所以，说产品／市场契合是指一个产品疯狂增长的时候，是没用的。什么是有用的？是当你足够接近值得做下去的事情，或者你距离它太遥远，继续已经没有意义。

问：你如何避免虚荣指标和保持关注可操作指标？

答：虚荣指标可以成为相关指标。页面访问量是一个很好的例子。这事我一直忽略了，直到最近才发现，因为它是一个纯粹的虚荣指标。但现在，我们认为业务可能是由广告所驱动时，页面访问量是一个很有用的指标。我可以基于此模拟出潜在收入。因此，也许某一天它是一个虚荣指标，但第二天它就变成了最重要的一个。

你需要坦诚地询问你和你的团队："哪个指标与我们的业务相关？"除此之外，其他的都是虚荣指标。

问：项目的增长引擎如何影响你对指标的选择？

答：这是一个思考该怎么做的有用的框架。那是一个起点，你的指标应该符合你正在做的事情。

问：你是在项目的哪个阶段开始建模的？

答：如果它是一个直接采购的业务，那我会一开始就建立模型。例如，如果我是卖喷气发动机的，我会看看我一年需要卖多少引擎，以什么样的价格，制造一个需要花多少钱；如果它是一个基于使用的消费媒体，我首先会创立产品。模型对我了解是否每月有2 000万或3 000万的活跃用户没有帮助，我只会专注于扩大。一旦有了基准指标后，我会根据基线指标、如何获得2 000万活跃用户的假设，以及帮助我确定用户获取成本和单个用户收入的测试，建立一个复杂的模型。

问：你有没有什么新增加的能够产生最大影响的功能？

答：搜索引擎优化。我也没想到。在过去一年，我们取得20倍的增长与SEO有很大的关系。你必须研究如何利用搜索引擎来描述你的业务。搜索引擎提供了各种工具。它们会指出你的网站很难被谷歌发现的问题所在，如果你解决了它们，谷歌就能发现你的相关网页，那你的搜索排名就会上升。它不仅仅是优化单个网页，你还可以告诉谷歌你的信息是如何组织的，并提供额外形式的元数据。多数开发者其实并不这么想，因此你经常会得到一个谷歌不能很好地读取的网站。我们流量的30%~50%来自搜索引擎优化。这是早期最大的学习收获，它也关注其他问题：多少百分比来自移动端？自然与转介与直接各占多少百分比？是否30%~50%是最大限度了？我们是否可以得到更多？问这些问题，并设法用好的方法来回答是非常有帮助的。

THE LEAN
ENTERPRISE

THE LEAN
ENTERPRISE

THE LEAN
ENTERPRISE

THE LEAN
ENTERPRISE

第 9 章

企业内部孵化

THE LEAN
ENTERPRISE

THE LEAN
ENTERPRISE

THE LEAN
ENTERPRISE

THE LEAN
ENTERPRISE

THE LEAN
ENTERPRISE

在企业创新的三大战略——孵化、投资和并购中，孵化是最困难的。你在从无到有地进行创造：你对精彩的创意魂牵梦绕。但你的创业公司从零起步，你需要通过充分利用内部资源来取得成功。也许它们不得不为了内部资源甚至公司的核心产品而展开竞争。

也许这就是为什么企业内部孵化如此糟糕。就拿微软公司来说，它围绕着 MS-DOS 系统开创了一个行业，而对其 Windows 系统也从未懈怠地持续创新，但即使微软公司堪称桌面操作系统之王，它的另外两个主要的内部孵化项目——Zune 和 Surface 也仍未取得成功（另一方面，Xbox 是其最强有力的竞争对手，它在这方面非常成功）。

微软公司的 Zune 播放器是一个臭名昭著的失败案例。号称是 iPod 杀手的 Zune 于 2006 年才推出，此时，苹果 iPod 已风靡五年。Zune 在 2008 年第 4 季度获得 1.17 亿美元的收入，而同期 iPod 营收为 33.7 亿美元。2012 年，微软公司不得不终止了该项目。

也许这么快就对 Surface 下定论并不妥，但其早期的表现并不被看好。2013 年 7 月，该公司将其产品大幅降价，并宣布在该设备上花费了 9 亿美元的成本，相当于每股损失 0.07 美元。顺便说一句，这两款产品没有一个是颠覆式创新；两者都是模仿、跟进苹果的产品。

孵化颠覆性产品与老牌大公司的性质相悖。它需要创造性、灵活性、协作性和速度。随着一家公司从初期颠覆竞争对手到培育和保护其现有的业务生产线，这些品质就会逐渐消失。那些与我们一起工作的员工，他们的思维也很难超越其部门职能范围，更难的是独立行动。他们往往只能解决低层次的问题，解决的都是客户可能不会注意到的问题。他们不会想要重新定义他们的行业，即使他们这样做了，公司的管理层也不会允许它发生。

我们曾指导的一家大型金融机构所存在的问题，足够反映出我们每个人都有可能存在的短视。产品开发团队坚持促进其信用卡客户使用奖励和其他好处的频率，尽管没有任何证据表明这些有利于提高其业务。这个团队的成员坚持认为门户网站将促进这一目标的实现，尽管他们没有理由相信用户会使它。从谷歌电子钱包到 Dwolla，再到比特币，在这样一个正在被重新定义的行业中，所有这些都被期待可以带来数十亿美元的回报。尽管如此，产品开发团队也无法摒除眼前的利益，从而看到摆在他们面前的令人眼花缭乱的机会。

如果企业希望自己能够在快速变化的、竞争异常激烈且超级互联的商业环境中胜出，那么超越公司现有的业务范围，构思、开发和销售产品的能力是至关重要的。对于成熟企业而言，通向高增长的路径将不可避免地要跨越高度的不确定性。不确定性越高，学习的回报越好，从而使投资回报率也越高。

低增长、高控制

内部孵化为企业创新的三大战略提供了最低的门槛。与投资成长型企业或收购那些实现产品/市场契合的初创企业相反，你是从白手起家开始。这就是说，那些进行内部孵化的初创企业，完全可以比通过投资或收购的手段更快进入市场和发展得更快、更壮大，它们只是在起步阶段需要更加努力而已。

与此同时，这一策略让你的控制权达到极致，而这也是某些企业高管所不能忍受的。企业只能对任何特定项目保留最多49％的股权，而进行投资或并购时，其他股东则可以瓜分掉公司的股份（请注意，49％显然不是企业所乐意看到的，但这却可能使创业者通过拥有公司多数的股权而感到自己对企业的所有权和自主权。同时，企业也能在董事会占有一席之地，从而能够另外衡量其影响力）。在创业初期承担的风险越大，你最终的风险会越小。

最好注意内部孵化和外部公司投资之间的界线。二者之间最大的区别是，内部孵化团队赚取的是薪水，并能利用企业优势，如办公区的基础设施、内部服务和资源，而创业者则有可能获得更多的股份所有权。

自 2013 年 6 月，新闻集团旗下的印刷物部门已采取这条路线，公司将利润更丰厚的娱乐业（现称为 21 世纪福克斯公司）单独剥离出去，其中包括《华尔街日报》和伦敦《泰晤士报》在内的出版物预留出 2 000 万美元的资金，准备从头开始孵化新产品（目标数是 64 个）。它聘请有创业和产品开发经验的人们，对他们进行精益创业方法培训，并与独立软件商店签约，以启动这些项目。至于公司的创新结果是否能够产生引人注目的、超越其传统业务和改造其行业的产品，还有待观察，但它的确是开了一个很好的头。

内部孵化的好处

内部孵化的好处，除了让公司的创新站稳脚跟外，还有很多。在创新的三大策略中，它最具资本效率。也就是说，相对于收购和投资来说，随着时间的推移，你花的钱最少。企业的成本主要是工资（以大幅折扣）。一旦项目获得支持，它便会产生一个支撑自我成长的收益。

此外，这一战略在现有员工中培养潜在的创业人才，有可能会增加每一位员工的收入。它让那些可能会离开公司自己创业的员工有动力留下来，以较低的财务风险去实践自己的想法。对于那些厌恶风险和喜欢更舒适的工作而选择挣薪水，所以不是自己创业的人们而言，内部孵化则为他们提供了一个开发新产品和实现目标的机会，否则，他们压根不会这么做的。总之，它让员工受到了极大的激励，能够站在公司的立场去思考和工作。

同时，它为那些被并购企业的员工提供了一个最大限度地提高工作效率的环境。他们可以在有利于创业者的创业公司工作，而不必成为无所事事的员工。他们可以做自己擅长的事情——创造和推出新产品，承担比自我创业时更少的个人财务风险。

从头开始创建创新产品，对整个企业来说都是有好处的，通过让所有的员工感受到创新的氛围，它赋予了员工自豪感和热情，这些是普通企业无法给予的，从而创造出具有前瞻性的项目，成为整个公司强大的士气助推器。

内部创业融资

为处于种子期的初创企业进行理性的估值显然不大可能，因此了解其他组织的做法是会有帮助的。Techstars 大约提供 2 万美元购买其孵化的企业 6% 的股权。这个数字相当于每家公司的估值为 333 000 美元，这可以被看作是一个合乎情理的底价。毕竟，如果你提供的资金低于这个数目，那团队将有理由逃往 Techstars。尽管你提供的资金越多，你越能吸引更资深的创业者，但我们建议的一个较随意的估值是至少每家初创企业应为 50 万美元。

如果创新殖民地购买一个估值为 50 万美元的内部初创项目 49% 的股权，那么该团队将有 24 万美元的初始资金。如果作为年薪由三位创始人平分，那项目运营将持续一年。勤俭的创始人可以让它持续得更长一点。在这段时间里，尽管钱总会有花完的一天，但创新团队却不断进行各种功能组合和能力的实验，以吸引和留住大部分关键的客户。到那个时候，如果对初创企业的估值被视为可增长的，那团队可能会进一步出售其股权给企业，以换来继续发展的机会。或者，企业和 / 或团队可能会出售一部分给外部投资者，以保持初创企业的存续。如果初创团队已实现产品 / 市场契合，但企业并不把它当回事儿，那该团队可以作为一个独立的公司，离开创新殖民地。

否则，初创企业只能听天由命。该孵化器将被关闭，创业团队将被转移到另一个项目。那些气馁的人会离开创新殖民地，转岗到企业内的其他职位上。那些继续留在创新实验项目的将是更聪明的创新者。

如何进行孵化

内部孵化的关键是全心全意拥抱精益创业方法。我们曾在第 6 章中谈到，这种方法提供了一个严谨的过程，用于测量新想法从概念到产品／市场契合的过程。开发新产品，并把它们推向市场曾经是一个不论成败的命题，如客户开发、最小化可行产品以及创新会计等技巧都提供了一种验证新想法，并将其开发成大批客户愿为之买单的产品。

在预算允许的范围内，如果你想要雇用尽可能多的创新团队，并让每个团队聚焦于与你的假设一致的创新项目上（详见第 12 章），那么速度是必需的，因此，至少在一开始时，就不要想着 MVP 不能在三个月内建成。

此外，考虑引入一位常驻的创业者。招募那些不考虑加盟企业的能人，这样可以通过连接更广泛的创业社区，拓宽你的创新殖民地范围。常驻创业者并不需要被创新殖民地正式聘用。相反，这个人可以在创新殖民地中待上 6 个月或 1 年，也可以选择延长，这样能保证有足够的时间运行共利项目。和创新团队成员一样，常驻创业者需要持有其他领导下的初创项目成功之后的大部分股份。

另外，要勇于叫停那些没有立即呈现出好势头的项目。创新团队要勇于不断转型，直到项目开始出现好的发展势头，但经过几十次转型，有的创意就会被发现是不值得追求的目标。叫停它们是一个很好的结果；它让你避免将时间和资源浪费在你已经彻底审核、并得出结论是不值得的创意上。

产生创意

伟大的企业都是基于伟大的创意。然而，孵化器不是由伟大的创意开始，而是由普通的、未经证实的想法开始，然后通过使用精益创业的技术发展成为那些可持续的业务，所以它需要有稳定的源源不断的想法支撑。

这些想法从何而来？一方面，它来自孵化殖民地随时间发展积累起来的众多加速器、资助者以及创业者。这种环境让企业高管们保持着与创业社区的联系，从而不断刺激创造性思维。随着时间的推移，高管们能够将自己的触角延伸到那些有具潜力突破的想法上。

除此之外，伟大的想法还来自灵感：凭借着个人的经验，人们可能会将关注点集中到一个需要解决的问题上；通过与朋友和熟人的沟通能够发现其潜在的需求；一篇新闻文章可能会点燃非同凡响的想法的火花。殖民地中的每个人都应该去寻找想法。

为了获得尽可能多的想法，孵化器应该为任何提出想法的人提供开放政策。企业员工可以最大程度地在任何时间推介自己的假说。如果其想法被接受，他们就可以到孵化器去进一步拓展这个想法。

有些企业通过提供所谓的 20％ 的时间，来激励员工拿出新的想法。然而，我们认为，一个开放大门的企业孵化器以及共享未来的承诺，会给员工一个更大的激励。例如，谷歌著名的鼓励员工花五分之一的工作时间去追求个人利益的做法。其中的一些项目已经变成了产品，而那些取得非凡成功的员工，有资格赢得公司的股份奖励。以 Gmail 为例，工程师保罗·布赫海特（Paul Buchheit）这个 20％ 的项目自 21 世纪初起步，逐渐发展成为一个主打产品，于 2004 年推出了测试版，并在 2007 年末获得了创始人奖。假使保罗·布赫海特知晓自己将共享未来前景，把 Gmail 带进孵化器呢？诚然，这是大胆的假设，但我们认为那样，保罗会更有动力开拓产品，可能会让该产品提早数年就进入市场。

你还可以通过运行一个具有灵感的项目来刺激新的想法产生。在这个方面最有力的活动是精益创业机器工作坊和编程马拉松比赛。这些活动能够引起大批参与者的兴趣。而对于孵化器而言，它们将生成创业孵化的原材料并吸引创业人才。

精益创业机器工作坊是一个密集型的小组训练，集中于发现那些未被满足的客户需求和验证解决方案。它提供了精益创业式的实验强化训练，这是填补创意漏斗的绝佳方案。

编程马拉松比赛是类似的项目，其着力于在活动的过程中开发新的产品。它能很好地开发技术技能，强调团队凝聚力，并经常会开发出适用的产品来。你可以迅速生成大量的想法，获得市场如何反应的强有力的证据，并打造出切实可行的产品。事实上，企业的 IT 部门经常使用这种形式的比赛来开发内部使用的软件产品。

你可以按季度举办精益创业机器工作坊和编程马拉松比赛，这样员工就可以养成在参与中生成想法的习惯。这些活动将吸引来自其他部门的员工，在创新殖民地中培养兴趣，吸引那些具有创新雄心和气质的团队成员。你也可以邀请独立的创业者、工程师、营销人员、设计师以及社区中的利益相关方。如此一来，这些创意活动将为你建立起自己的网络。

组织精益创业机器工作坊

精益创业机器工作坊一般为期两天。其目标是在尽可能短的时间内，证明或证否假说。获胜者往往不是那些生产了最有趣的、最令人印象深刻的产品的团队，而是那些最了解顾客想要什么以及如何提供产品的团队。

精益创业机器工作坊的基本要求包括场地、食品（比萨饼和汽水都很好，你需要一些人们可以边吃边进行而无需中断活动的食物）和获得客户。而最后一个项目是至关重要的，参与者需要找到现实中的客户，无论是在大街上拉客，发送电子邮件，发布一个 Facebook 页面，还是打电话。你还需要一位熟悉该形式的团队领导和导师。在这些活动进展到一定阶段时，先前加入的成员也可以承担这些角色。此外，为帮助团队集中精力，导师可以演示一些基本的精益创业技巧，例如，如何找客户，如何采访他们，如何构建一个最小化可行产品，怎么在产品上市前出售该产品。剩下的就是将大家集中在一起，陈述规则，释放团队的创造力和独创性。

精益创业机器工作坊团队围绕一个市场化的产品或服务形成想法。我们自己的 Javelin 工作板可以引导他们完成整个过程（见第 6 章）。他们将执行一系列的实验，并在每个实验后，做出转型或坚持下去的决定。这样做的目的是在时间用完之前，为已经付费客户（或承诺支付的客户）开发一个最小化可行产品。

在两天的训练结束时，参与者会展示他们的作品，并说明他们学到了什么。然后，组织者和导师会从取得最大学习成果的团队中挑选赢家。奖品可以是任何东西，与 CEO 共进午餐无疑会是一个很好的动力。在公司中广泛宣传取得第一名成绩的团队也是一个不错的主意，它可以激发员工的兴趣，并树立竞争精神。

如何运行编程马拉松

和精益创业机器工作坊一样，一个编程马拉松通常需要整整两天的时间，尽管该形式能够在一天内完成。许多要求都是相同的：地点、食物、导师、领导者以及奖品。与会者会围绕着想法形成团队，去尝试任何事情。项目范围可以从严肃的产品概念，到异想天开的鲁布·戈德堡机械（Rube Goldberg machines），然后尽可能快地将它们转变成功能性产品。当规定时间到了时，团队会展示他们的项目。组织者和导师会在最佳执行的基础上挑选出一个赢家。

精益创业 ●━━━━━━━━━━━━━━━━━━━━━━━━━━━━━━━━━━━━━━●

THE LEAN ENTERPRISE
How Corporations Can
Innovate Like Startups

灵感在行动

TLC 公司为世界各地的公共和学术图书馆制作软件（其公司名称的英文缩写代表"图书馆公司"）。成立于 1974 年的 TLC 总部设在美国西弗吉尼亚州的林伍德，并在丹佛、纽约和新加坡设有办事处。它拥有 300 名员工，称不上是一家企业，但它却是一家成熟的公司，在外包市场中拥有显著的市场份额。更重要的是，TLC 公司使用精益创业孵化技术来创造新的产品并发现新的市场。

TLC 公司的旗舰产品是在图书馆空间中的创新，但其产品开发方法从来没有专注于创新。在其 40 名员工参加了 2012 年初举行的精益创业机器工作坊活动后，短短六个月间，这家公司就自己举办了工作坊和编程马拉

THE LEAN ENTERPRISE
How Corporations Can
Innovate Like Startups

松活动。这些活动催生了三个项目，公司在其纽约办公室成立了一个创新实验室。其中的一个创新项目——eBibliofile 第一个月就产生了大量的订单。两个客户签订了年度采购计划，从而使公司获得了 100 万美元的运营费用。

TLC 公司的创新实验室开始时所秉持的理念很宽泛，更像是一个主题：针对移动设备开发软件，并着力于 iPad。任何有意愿的员工都可以参加。该公司鼓励员工提交自己的想法，并给那些提供最有前途想法的员工一个星期的时间，可以不用承担其日常工作。

作为额外奖励，任何在 TechCrunch 新闻网站被提及的项目，其开发团队就会得到一定数量的股权奖励。这种令人兴奋的激励不仅激励了创新团队，而且也激励着整个公司的员工。TLC 公司是一家在一个垂死行业中的老牌公司，能够出现在主要的科技博客中，无疑是对整个公司士气的一种鼓舞，并让大众以一个全新的、更具创新性的视角看待这家公司。

TLC 公司的经验表明，只要有适当的组织结构、奖励机制和活动，即使是一家很少或没有创新经验的老牌公司，也可以从无到有创造出有价值的新业务来。将灵感转变成赚钱的产品这一任务并不容易，但它在精益创业这一机制下是完全可以实现的。

尼克·贝尔

THE LEAN ENTERPRISE
How Corporations Can
Innovate Like Startups

对话新闻集团数字产品部高级副总裁尼克·贝尔

2013 年 6 月，从 21 世纪福克斯公司分裂出来的新闻集团，在英国、美国和澳大利亚都拥有领先的市场份额，是全球重量级的传媒巨头之一。它不仅管理着有百年历史的大报如伦敦《泰晤士报》，也在以惊人的速度不断推陈出新，产生出大量的新产品，这还要感谢尼克·贝尔（Nick Bell）。由贝尔领导的六人创新团队总部设在曼哈顿，他们扩展了该公司的核心业务，通过寻找在整个新闻集团和之外的机会，推出远销至东南亚的新产品。贝尔与我们谈到他和团队是如何孵化增量创新和颠覆式创新的。

问：**你是怎么到达这个位置的？**

答：我进入企业的方式并不常见。1998 年，我在自家的卧室创建了一个网站：teenfront.com，那年我 14 岁。16 岁时，我在互联网泡沫时期的高点把它卖掉了。接下来的 10 年中，我继续创立和发展新的业务，直到加盟新闻国际，这是新闻集团旗下的英国子公司。在公司工作的两年半时间里，我负责数字运营，2013 年 5 月加盟总部团队。

问：**你有什么个人的创新方式？**

答：首先，最重要的是要具有颠覆性。在我第一次创建了一个网站后，我更加认为任何事情都是可能的，因为我觉得没有什么事情是不行的。当我第一次加入新闻国际时，我上来就问道："我们为什么那样做？"为公司带来创新的新气象很重要，让它与那些拥有大量经验的员工相融合，并让这种自然的紧迫感持续发酵。

　　另外，从第一天开始就要非常明确重点在客户身上。你需要问："他们将如何使用这个产品呢？它是不是符合他们的日程安排？它是如何改变他们的日常生活呢？"你需要找到那些可以帮助你回答这些问题的人。大型组织都会犯"开发产品并期待顾客上门"的类似错误，尤其是在像新闻集团这样的企业，我们每天都会接触数以百万计的人。尽管我们很容易做到这一点，并能达到一定规模，但这并不意味着客户长期的参与度和规模，或客户真正的参与程度和规模。让产品尽早抵达客户，并尽快得到他们的反馈才是至关重要的。

问：**有一种看法认为，企业不擅长孵化。这是为什么？**

答：我总是在强调新闻集团拥有五大主要资产：每天能接触并覆盖数以百万的人；世界上质量最好的内容；30 000 名人才；庞大的数据；大量的现金。同时，这些资产也是我们所面临的最大挑战。我们的业务范围和规模，让我们避免推出可能损害品牌的新产品。拥有大量的内容，意味着我们可以进入不同的垂直细分领域，但有时很难决定进入哪一个细分领域。拥有 30 000 名员工，会让我们的速度缓慢，因为需要协同很多人。我们拥有这么多的数据，很容易将大量时间浪费在过度分析上。最后，如果我们不谨慎地使用资金的话，就可能会有巨大的开销。

问：你如何让这些资产不成为劣势呢？

答：我们已经采取了重要步骤，以避免落入我上面所提及的陷阱中。我们很幸运在新闻集团工作，实际上集团总部小而灵活。有 20 到 30 人参与战略、创意和技术团队。因此，决策很简单，改变企业文化也很容易。我们非常密切地合作，由内及外地了解每个人，而我们也会对项目的人选很谨慎。我们有一个由有初创经验的成员所组成的核心团队，我会把他们和一直在公司工作多年的人组合起来，从而创造出自然而然的磨合与多样性。到目前为止，这已经相当成功了。

问：你可以介绍一下孵化项目的大致范围吗？

答：首先，我们正在重新规划内容。如果你上网看看，内容无疑是最昂贵的一部分。我们对内容有着巨大的需求，因此最大的机会之一就是要为之创造长尾效应。我们有很多长青的内容：食谱、教程、产品评论、电影评论以及音乐评论，但我们眼下还没有充分利用好它；其次是吸引更年轻的观众。报纸往往对年龄大的人比较有吸引力，而我们的读者的平均年龄是 50 多岁，因此我们正在寻找各种方法来吸引更年轻的读者。

问：是否存在增量孵化与颠覆式创新的差别？

答：我们正在努力整合这两者。我们往往在现有的业务上采取增量的创新方法，当我们启动新的业务时，我们往往会更加激进和更具有颠覆性。不过，即使我们推出了新业务，还是会有财务收益与知识的并行路径的。商业成功固然很重要，但我们也想把所学的知识应用到我们现有的业务当中。

问：你如何从孵化中产生创意？你又是如何检验它们的？

答：我们正在尝试找到最好的办法。任何员工都可以提出创意。我们会在各地围绕着不同的主题或细分客户举办研讨会。例如，如果主题是食物，那我们就会把在伦敦、澳大利亚和纽约的食品专家介绍到我们的创新团队中，产生一些创意，并开发出一些能够在市场中测试的产品来，然后我们将决定是否进一步投资。

问：你们是如何发展创意的？

答：有好几种方式：如果我们认为还有更多工作要做，我们会去进行研究；如果我们认为有潜在的新的商业机会，那就会安排相关人员全职投入到这个项目上，直到他们证明或证否；如果它对现有的业务部门而言，似乎是一个很好的机会，那我们就会和业务部门商量如何将它并入他们现有的产品或功能集中，我们可能会认为它有战略转变的潜力。我们的全球广告交换部门就是从一个广告工作坊中产生的，它有可能会被收购。在工作坊期间，我们将发掘竞争对手，并为之进行早期尽职调查。

问：你在某一时段会同时运作几个项目？

答：大概四个或五个，这取决于项目的大小。我们已经做好的一些东西最终会被现有的业务部门吸收或采用。一旦出现这种情况时，我们愿意继续参与，以确保它们是在正确的轨道上运行。

问：你如何资助孵化项目？是一开始就按既定的方针分配好的吗？

答：我们有一个集中的资金池，我们尚未披露具体的金额，但它应是一笔数额很大的预算。除非我们已经验证了该想法，否则我们不会让现有的业务部门从他们的收益中为该创意筹资的。当然也没有免费的午餐，它们只是尚未进行记账和分配罢了。另一方面，我们一直遵循着一个严格的管理流程，因此我们不仅仅是给项目投钱。为了获得更多的资金，你需要达到一定的成功标准。这有利于规范项目，直到它能够变得更好或转型，达到这些成功的标准，而不是不问好坏地扔钱。

问：孵化一个项目平均的进度和预算是什么？

答：这其中的区别很大。其中一个我们正在尝试克服的关键问题就是迅速失败。很多次我们已经进入探索阶段，并以为已经考虑周全了，但最终还是要么太早，要么太晚，要么市场太小，要么它不太适合我们。在这些情况下，我们会在两周后做出不再继续的决定。至于投资，有些事情是在内部完成的，并没有花费核心团队的任何钱。我们六个人会聚在一起，拿出一些想法来。然后，我们会在日常工作中，与客户进行交流并创建一个产品原型来，在四五周后收到客户对原型的反馈。

问：精益创业方法扮演什么样的角色？

答：我们不会虔诚般地去遵循它，但我们遵循的基本原则是能够迅速推向市场，在花太多钱之前测试和验证想法。精益创业方法适用于我们的创新团队，但我们现有的业务部门会发现该方法实施起来会很棘手。他们最纠结的是品牌问题。新闻集团的品牌可以帮助一个新产品获得成功，因为我们有公信力和用户基础，但我们往往会担心万一把产品投入到市场中，它不能上市或损害公司的声誉。也就是说，我们已经创造了许多测试工具或平台。在英国，他们已经推出了每周一次的《泰晤士报》茶话会的活动，他们会邀请现有的客户讨论他们的想法和原型。由于他们经常做这些事，因此他们并不介意测试样本，而不是等到他们已经制作出一些更精致的东西。

问：多大比例的项目能到达它的原型阶段？又有多少能到达产品阶段？

答：所有的项目都有原型。百分之六十到七十的项目会到达采用阶段，不论是研究或应用到其他业务领域的知识，影响到未来的产品或功能，还是创建未来产品的某个功能。而百分之十的项目会到达产品阶段。

问：**有些想法会在它们达到原型阶段前就失败吗**？

答：早期的探索阶段往往存在多次转型的过程，但通常结果是会产生一个最佳的原型。我们会把孵化团队以外的人混合到团队中，我认为在整个周期中不断吸收人才进来无疑是件好事。我们不只是验证一个想法，而是试图创造一种文化，让人们能够融入到我们现有的业务部门中去。

问：**你的成功标准是什么**？

答：从早期的探索中可以看出，通常会存在一些客户验证的形式，不管是人们口头告诉我们可以继续，或是登录注册，甚至是现金。关键在于，在初期就要设定明确的标准，我们不会发生这样的情况：一个项目之所以能够继续，是因为人们说："它还没有完全发挥作用，但它会好起来的。"这会带给我们一个承认失败的标准。我们不一定要扼杀该项目，但它意味着我们需要转型，或需要制定另一组成功的标准。

问：**你是如何评价投资回报的**？

答：每个项目都会在一定时期内有其商业和财务上的回报，这和 CSO 原则以及进入一个项目前的团队相一致。当然，一些软性因素也很重要，比如经验或学习收获。

问：**你需要孵化多少项目才能达到成功**？

答：对此，我们尚无一个明确的说法。在 10 个项目中，我们会很幸运地有两个或三个项目成功，另外五个或六个在以某种形式继续向前推进。

问：**你最引以为豪的成功是什么**？

答：最近，我们在印尼、越南和日本推出了名为 BallBall 的足球 App。从构思到推出仅仅用了 8 周的时间，并推出了 Android 版、

iPhone 版和一个响应式网站，这是前所未有的。该产品给我们开创了三个全新的局面：为我们带来了一个全新的市场——东南亚，我们之前在那里没有一个特别强大的立足点；它的目标群在于年轻用户；它重新使用了我们已经生成的内容。而这一切的关键是要做到精益，让它快速进入市场，并开始从客户那里学习起。

THE LEAN
ENTERPRISE

THE LEAN
ENTERPRISE

THE LEAN
ENTERPRISE

THE LEAN
ENTERPRISE

第 10 章

早期收购

THE LEAN
ENTERPRISE

THE LEAN
ENTERPRISE

THE LEAN
ENTERPRISE

THE LEAN
ENTERPRISE

THE LEAN
ENTERPRISE

不论你是否从企业内部孵化新产品和服务，收购都是精益创业方法中另一个重要的工具。你可以收购初创企业，它们有那些你没有能力或速度发展的产品和服务，更不用说前沿技术，这可以让你快速领先于竞争对手，并获得进入新市场的机会。它可以为你带来具有创业家精神的员工，他们在老牌的企业中很容易被忽略。更大的好处是，可以将这些人纳入到已经合作很有默契的团队中，时刻准备着为你公司的优先事项而工作。此外，收购还可以带来（至少一段时间）那些从不想到大企业工作、具有独立思想的人才。

你在寻找什么样的人才

典型的企业收购是购买公司，并将其整合到现有的业务部门中，或仅仅是为了其人才或技术。这主要是出于企业可以利用其现有优势来支持被收购公司的考虑。毕竟，企业的优势来自其精心发展了几十年的分销渠道；通过为特定客户提供服务的密集经验而获得的营销优势；用大手笔的广告支出和产品开发堆积而来的高质量的品牌，在收购后注入这些力量，理论上讲，企业的新业务线势必会得到迅速发展。

无论是好还是坏，互联网已经摧毁了这种思路背后的合理性。首先，发展稳定的初创企业，其名声已经遍布博客、论坛、社交网络和新闻网站。其他潜在的收购者已经在排队等着收购这样的初创企业，因此他们势必会哄抬收购价格，使其远远超出合理的价位，也就是说，如果你的目标是刺激创新，需要下的是大量的小赌注，而不是一个大的赌注。

站在一家企业的角度来看，大公司的优势可能不再那么明显，它们不再像原来那样举足轻重。在互联网世界中，渠道就是一种商品。像谷歌搜索引擎就是伟大的平衡器：客户可以很容易地找到相关网页，访问他们正在寻找的产品，无论是在亚马逊上的实体产品，还是苹果的 App 应用商店或谷歌播放移动软件，iTunes 的音乐、奈飞公司的电影，或直接跳转到制造商或发行商自己的网站上。同时，社交网站，尤其是 Facebook、Twitter 和 LinkedIn

成为了一种重要的手段，客户细分到组，并确定自己想要买什么；而传统营销和广告方法是不完善的、缓慢的且更昂贵的。对于一个企业引以为豪的的品牌而言，搜索和社会化媒体的一两次冲击就能削弱其大部分的力量。一个品牌若不能在最初的几个搜索结果中显示，那就不会在网络社区获得认同，从而变得无关紧要。相反，那些这样做的企业——AirBnb、愤怒的小鸟、Dropbox、Facebook、Groupon、Pinterest、Spotify 和 Uber 则可以在非常短的时间内成为强大的品牌。

因此，不要惦记着去收购一家成熟的初创企业，而是要与企业的分销、营销和品牌机构挂钩。另外，你还应该寻找一些别的东西。其中的目标之一就是找到那些符合你的创新理论、未经市场验证的企业，让它们自然增长。另一个目标就是发现资深团队，对他们进行收购，让其留在你的创新殖民地中工作（即并购 – 员工）。

你仍然需要仔细审查你的收购对象，分析它们的哪些特点最容易导致高增长。而你需要一个安全的海港——创新殖民地，这样，早期的企业就能够避免成熟业务部门所遇到的财务和政治压力。在理想的情况下，你为获得产品和团队而收购的初创公司，将继续待在收购前的办公室中并独立运作，让他们继续保持原有的企业文化，而正是这种企业文化创造了让他们成为一个具有吸引力的目标的价值。并购 – 员工也可能会加入你的创新殖民地。

当然，你的一些收购也会失败。但那些如雨后春笋般增长的业务，会通过发现新市场并提供市场真正想要的服务和产品，最终实现在客户基础、收入和利润等方面的指数级增长。

Twitter 收购的手机视频应用程序制造商 Vine，其六秒钟的时间限制与 Twitter 的 140 个字符的文本上限相匹配。Twitter 在 2012 年 10 月花 3 000 万美元购买了这家初创企业，当时它才诞生四个月，甚至还没来得及公开亮相。总部设在加利福尼亚州旧金山的 Twitter，让 Vine 留在了其纽约的办公室，允许其在一定程度上自主运行。2013 年 4 月，Vine 是苹果 App 商店下载最多的免费应用程序，其 Android 版本还获得了《时代周刊》年度最佳 Android 应用程序榜单。截至 2014 年 1 月，它至少拥有了 4 000 万用户。

高控制、高增长

通过早期收购和培育收购对象的内在优势，你可以最大限度地控制和获得增长。你能够掌控所有的上升空间和其他潜在好处。增长前景比孵化或投资更高，因为这家初创企业已经消除了一定程度的不确定性，而你能以对公司最有利的方式对其产生影响。这无疑是一个强大的战略，它能够让创新成为公司的核心竞争力之一。

寻找收购机会

寻找收购机会的关键在于，要赶在竞争对手之前发现潜在的高增长机会（这可能是你市场中的对手、收购竞争对手或投资者）。在某些方面，这并不像听起来的那么困难。大多数行业观察者往往会随波逐流，因此，只要你采取主动，你自然能获得优势。他们通常是不会关注到那些最有意义的指标的。如果你立足创新会计寻找机会，你就可以在这场竞赛中胜出。

第一招是进入机遇流或交易流中。天使投资者往往会不厌其烦地打造他们的交易量，所以一个好的开始就是和他们见面，让他们知道你在寻找什么。你可以通过找到合格投资者的在线社交网络——AngelList 去寻找。创业者往往会在他们考虑出售前，寻找额外的资金，所以告诉你的天使，你也有兴趣投资，让那些可能快要放弃自己公司的创始人也加入进来。考虑引进一位有经验的天使进入公司董事会，来运营你的收购和/或投资计划。

那些种子资金提供者，包括孵化器和加速器，如 500 初创、Techstars 和 Y Combinator 也有出色的交易量。加强与那些活跃在你感兴趣市场上的加速器和孵化器的关系。参与他们的路演，和到场的创始人见面。加入 Techstars 加速器的分支机构——全球加速器网络，其业务遍及世界 63 个城市。

这些组织在初创公司中很可能属于未能筹集早期资金的公司。这样的初创公司正处于一个拐点。他们已努力发现了问题，并围绕这个问题制订了商业计划，但他们没有足够的资金来继续运营。这也许正是他们卖出的最佳时机。所以告诉那些孵化器和加速器的高管们，你在收购初创公司，你在寻找的是什么样的公司。在很大程度上，他们会乐意帮助你，这是一个收回自己投资的好办法。

对于那些已经接近跑道尽头的初创企业来说，人才的收购是可行的。该团队已经有了沉痛的教训，深知什么不可以做，因而，当他们为你开发产品时，可以应用这些经验。实际上，那些失败的创业公司往往会被Facebook、谷歌和其他渴望人才的硅谷巨头进行人才收购。一家为收购方和被收购方进行匿名潜在匹配的在线服务商——Exitround，其并购 – 员工人数是直接收购的八到九倍。Exitround 的 CEO 雅各布 • 穆林斯（Jacob Mullins）说，Exitround 的交易都是在 1 000 万美元到 5 000 万美元范围内，往往涉及重型工程团队和需要进行内部技术开发的非科技行业企业，如医院或保险业。

你需要梳理一下那些对最新技术保持高度警觉的出版物，如 Tech-Crunch、PandoDaily 和黑客新闻等，跟踪在应用商店和谷歌上播放的最新产品。这些网站可以让你发现符合创新理论的机会。

请注意，所有这些技巧也可以帮助你识别潜在的适合投资的创业公司（详见第 11 章），以及寻找有创业经验的人才。不管你是正在收购、投资，还是补充内部孵化殖民地，目标都是为你的企业注入新鲜的血液。这些资源都可以帮助你找到它。

选择收购目标

下一步是挑选你的收购目标。机会比你想象的多得多，因为竞争对手很可能会忽视初创企业成功最重要的因素——产品／市场契合。你要寻找一家这样的初创企业：既符合你的创新理论，又即将到达产品／市场契合，或者已经做到了却没察觉自己已经实现了。

你还记得吗？产品／市场契合是指一个产品或服务与大量用户之间的匹配，它对客户有足够的吸引力，可以让他们投资大量的时间、精力和钱财。在实现产品／市场契合之前，初创企业存在着无数的可能性。没有人真正知道它可以做到什么地步。一旦初创企业实现产品／市场契合后，它就好比一列货运火车，朝着大规模增长的轨道一路前行。每一个与之相关的人都能够聚集起牵引力和动力，那些围绕在它周围的人也能搭上这趟列车，包括客户、竞争对手、投资者和媒体。

到那个时候，创始人是不太可能想出售公司的。如果他们这样做，那价格很可能会是一个天文数字。你可能依然还是想购买，你甚至给创始人开出了一个让他们无法拒绝的报价，但最佳的时机已然过去了。所以，你睁大眼睛找的初创公司应该是那些尚未找到成功模式或者还不知道自己有什么的公司。这时候，创始人会愿意以一个你能负担得起的价格出售。

这也是你收获最大回报的时候，并不只是前景乐观，而是有机会占领市场。不妨想一下当你的收购目标到达产品／市场契合时会发生什么。客户争相签约，社交网络开始嗡嗡作响，然后媒体不遗余力地进行宣传。在这一点上，即使是飞毛腿般的竞争对手也不会有赶超的机会。在亚马逊提供 Kindle 的两年后，Barnes & Noble 书店（B&N）才带来了 Nook 电子书阅读器，但 B & N 没有获得显著的市场份额。黑莓只在 iPad 推出一年后就发布了 PlayBook，但这个新的设备对苹果的发展势头也只能是望尘莫及。在那些日子里，一年似乎变得越来越漫长，开发周期和新版本比以往任何时候都更快地确立自己的市场地位。因此在火箭升空前搭乘，你可以让自己获得可防御竞争的绝对优势。

你如何能判断初创企业即将实现产品／市场契合呢？创新会计将为你提供一个合理的评估方法（见第 8 章）。在给初创企业的业务建模前，一些主观的衡量将会有所帮助。询问创始人他们已经学会了什么，他们希望将来达到什么样的规模。试着了解产品及其竞争对手，就它解决了什么问题，以及它们与竞争品相比如何，获得一个清晰的认知。问问客户是如何使用它的，并评估一下他们的兴奋程度。让他们做肖恩·埃利斯的一个问题调查：如果你不能使用这款产品，你会有多失望？40% 的"非常失望"的反应可以作为一个指标，尽管产品 / 市场契合并没有一个明确的限定。

如果初创企业看起来依然很有前途，那么就是时候建立一个指标模型了。你需要从创始人那里尽可能多地收集任何指标，然后设计模型，插入现有的数字，并对你凭空得到的数据做出保守的猜测。最终，你要找到一个这样的示范，即企业可以从收购用户中获利，并有着清晰的可扩大规模的路径。

同样的原则也适用于选择投资对象（见第 11 章）。无论你是投资还是收购，选择将产品或服务与可盈利的大规模客户群相匹配的初创公司，你将会获得最大的利益。

构建交易

当你已经决定要收购一家初创企业，并开始接触创始人提出报价时，你就会与创始人、他们的投资者和任何相关者进行谈判。你想要在并购交易谈判中占据有利条件，但这并不一定是最好的办法。企业环境对雄心勃勃的初创企业创始人来说不是最有吸引力的，许多创始人恼火的是，要把他们的宝宝委托给可能被视为观念痴呆、愚笨和不上心的父母。

你的目标不仅是要收购初创企业，而要保持创始人继续工作多年，甚至是几十年。创始人将收购视为游戏结束是很普遍的；他们不再说了算，最好的办法就是离开并重新开始。要想改变这种印象，完全取决于你。毕竟，收购不是初创企业的结束，而是一个新的创新阶段的开始。这些收购条款应授权并激励创业团队，给其成员一个坚持下去的强大动力。

定价

对一家拥有明星产品的公司进行估价是很复杂的，要考虑到从管理层、奖金到舆论等所有的因素。但是，如果你的目标是获得一家甚至连一个产品都没有的初创企业，更别说一个记录的话，那就完全不同了。

如果初创企业已获得过第一轮融资，已有明确的价值，那么你的报价将需要达到或超过这一数字。事实上，如果初创企业自上次股权融资后已取得了一定的进展，那你势必会付出更多。例如，2012 年 3 月，Instagram 价值 5 亿美元，但仅一个月后当 Facebook 提出收购要约时，价格已经上升到 10 亿美元。请记住，已实现产品／市场契合的公司都会呈现出指数级增长的态势，提前下好你的赌注是很重要的。

另一方面，你可能会寻找一家不再增长或已用完现金的初创企业。在这种情况下，以往的做法是让投资者收回自己投资额至少一半的钱。比方说，一个投资前估值 400 万美元的初创企业已募集 100 万美元，所以当你想收购时，它价值 500 万美元。50 万美元的报价会只会让投资者收回一半。创始人自己不会得到什么，但你会支付他们的薪水（尽管是缩水的，详见第 4 章）。

另一种定价的方式可以参考硅谷并购 – 员工的标准。经验法则是团队的每位工程师支付 100 万美元至 150 万美元（一个可能随着硅谷财富而盈亏的共识）。如果上述案例中的初创企业有两个工程师，那么你会提供 200 万美元。投资者将完全收回他们的钱，普通股东、创始人和员工将平分另 100 万美元。

因此，在我们的案例中，我们有理由给初创企业报价 50 万美元至 200 万美元。请记住，虽然有充分的理由倾向较高的数量，但你最重要的目标是让创始人充分参与到企业的创新努力中来，而不是优化收购价格。

现金与股权

还记得新闻集团旗下 MySpace 的收购案吗？这笔交易存在许多灾难

性的问题，毫无疑问，但其中一个线索可以在 MySpace 联合创始人汤姆·安德森的 Twitter 主页找到。它是这么写的："享受退役。"你肯定不希望汤姆·安德森效应让你的收购出现问题，通过给创始人这样的大手笔支出，足以让他们关闭自己的智能手机，去海滩度假了。

对此的解决办法是，确保最大限度地支付给他们企业和 / 或创新殖民地的股票。而股票支付通常会推迟一年或几年，以作为留住团队的一种激励。

在任何情况下，支付的一部分可能是现金。收购价格首先要用于清偿初创企业的债务，主要是投资者的。剩下的金额会给到创业团队。除此之外，团队一般成员会领到他们之前所拿到的工资的一半。

锁定

团队作为一个整体比部分的总和更有价值，所以许多收购合同中都包括了锁定条款。在锁定条款下，队友不会收到全额付款，除非他们继续努力多年直到交易签订为止。两年期限最为典型。如果一个团队成员在该期限内离开，那么整个团队都会付出代价。

一些创始人对为雇主工作不感兴趣，甚至不会通过锁定期。他们只会待到宣布他们公司已被收购的新闻发布会召开之时，便会立刻离开。为了避免这种情况的发生，一个创造性的解决办法是规定直至锁定期过去后，才召开新闻发布会。

额外对价条款

其中最有争议的收购条款是额外对价条款。对于初创企业的业务来说，这是一个设定绩效的标准。如果创始人在指定时间内不能达到标准要求，他们将不会收到收购的全价。额外对价条款的设置是为了激励创始人，之所以说这是一个合理的要求，是因为很多创始人将收购视为最终的游戏，一旦收购完成，投资者可能会重新注资。但是，某些收购者会利用它来设置不切实际的基准来支付创始人。

这种令人苦恼的情况并不鲜见。2007 年，迪士尼以 3.5 亿美元收购了企鹅俱乐部 —— 一个专为儿童设计的虚拟世界，并设置了 3.5 亿美元的额外对价。一年过去了，企鹅俱乐部并没有达到标准，导致额外对价下跌至 1.75 亿美元。一年之后，迪士尼以 3.5 亿美元而不是 7 亿美元终止了对企鹅俱乐部的收购。也许迪士尼的预期是合理的，企鹅俱乐部根本没有执行，但有些时候，滥用条款会很容易被发现。我们认识的一位创始人在同意额外对价条款后才发现，收购方在他的公司快要达到这个数字之前就切断了所有资源。

这种潜在的恶作剧为额外对价带来了一个不好的名声，创始人可能把你报价中的额外对价视为你不值得信任的证据（另一方面，也可以认为这是一种得到一个较高数字的方式，他们可以在媒体面前大肆鼓吹）。如果你坚持一个额外对价，最好的办法是保证合理的标准，并且严格按照付款时间表执行。

顺便说一句，创始人在初创企业待的时间越长，他就会越敏感。如果他们已经辛苦了五年创建了这家初创企业，他们可能会不愿意把它转让给新的主人。如果他们工作了几个月后以一笔巨款卖出，他们很可能会认为自己可以在空闲时间再做一遍。

陷阱

如果你已经有了足够多的交易流量，选定了目标，并协商达成了一个既尊重自己公司的创新需求，又保证初创企业到目前为止业绩的结果，那你将会有一个收获颇丰的收购。不过，这其中也有隐藏的陷阱，足以让你的交易失控。这里有一些需要注意的事项。

失去 CEO

再怎么强调保留创始 CEO 的重要性也不过分。创业巨星本·霍洛维茨（Ben Horowitz）在他的博客里写道，为什么创始 CEO 们是运营初创企

业的最佳人选。"传统智慧认为，一旦公司已获得了健康的产品和市场，一个初创企业的 CEO 应该为一个专业的 CEO 让路。"他写道。然而，在安德森·霍洛维茨看来："我们更倾向于资助那些 CEO 就是创始人的公司。"

专业 CEO 擅长从一个创新的商业模式获得回报。创始人可能无法最大限度地将目前的机会发挥到极致，但他们很善于发现下一个商机。他们对自己的公司和市场有着旁人无法企及的了解，他们知道如何创新，以及他们的投资成功是非常具有个人化的。此外，他们拥有最高的权威，如果有人质疑他们做出的决定，他们有权说："我创造了这家公司。我们会按我的路走下去。"给他们权力做出艰难的决定，让他们坚持下去。

沃顿商学院的一项研究得出的结论表明，创始人在从筹资到退出估值的专业指标上都击败了专业 CEO。最成功的科技公司证实了这一点：Adobe 公司、亚马逊、苹果、IBM、Facebook、英特尔、微软、甲骨文、Salesforce、索尼、Twitter 以及 VMware 都在其创始人的领导下取得了突出的成就。

进展太慢

正如我们所看到的，在目前的市场中，速度就是一切。因此，关键在于让收购的决策过程尽量精简并免掉繁文缛节。当你在等待董事会批准时，竞争对手有可能乘虚而入，收购你的目标企业，或当初创企业实现产品/市场契合时，会突然没有理由要出售了，又或者另一个解决同样问题的产品可能会病毒式地传播开来。以上任何一种情况，都将会导致公司价格大幅度上涨。移动信息服务商 GroupMe，2010 年 8 月第一轮债务融资中，估值为 850 000 美元；如果是股权融资，这将让公司估值 300 万美元到 500 万美元之间。5 个月后，公司募集了 1 060 万美元，使其估值达到了 5 000 万美元，是其 5 个月前估值的 10 倍。

破坏现有员工的士气

支付一位工程师百万美元，支付另一个十万美元，这无疑会有损于团队精神，会变坏这里的气氛，在人才收购中，两个工程师最终可能会平起平坐。

如果你的目的是鼓励现有员工产生足够的创意并承担风险，那就让你的普通员工可以自己赚到数百万，并明确他们为此需要做什么。记住，那些对这种风险/回报真正感兴趣的人将在创新殖民地中寻求机会。与此同时，你需要让全体员工保持快乐而富有生产力。你所收购的团队应该被安置在自己的空间里，并继续进行自己的项目，要尽量减少对他们的干扰。

一定要订立一份协议，以协调初创企业和企业之间的利益，并注意避免这些陷阱。这样才能让你的企业有一个创新的坚实平台，同时，要为你所收购的公司做好快速增长和获取巨大利润的定位。

菲利普·布朗热

THE LEAN ENTERPRISE
How Corporations Can
Innovate Like Startups

对话 NEOPOST 公司 CTO 菲利普·布朗热

随着精益创业运动在全球的传播，世界各地的企业都开始接受快速的实验和创新会计，更快、更有效地进行创新。就拿 NEOPOST 来说，公司于 1924 年在英国成立，现在总部设在法国巴涅，这家 5 500 人的公司为全球企业客户提供了收发室装备——邮资秤、信件折叠机以及邮政扫描仪等。公司 CTO 菲利普·布朗热（Philippe Boulanger）结合使用孵化和收购的方式，管理从模拟到数字传送的转型。布朗热使用敏捷开发技术，为 NEOPOST 的硬件产品开发了先进的平台方法，既节约了成本，又缩短了开发周期。最近，他侧重于利用精益创业的方法进行数码邮件和包裹的递送。下面，他将剖析自己是如何收购创新的初创公司的。

问：你如何描述自己的创新哲学？

答：每个人都可以有想法。区别就在于执行。人们会告诉你："哦，
是的，我有一个想法，但别人已经做了。"不同的是，有的人做了。
我最喜欢精益创业机器方法的一点是你可以通过做事情来创新。
这与那些围绕理论并且花时间展开的商业计划不同，你是在做实
验并获得用户的反馈意见。

问：NEOPOST 是如何组织它的创新的？

答：从美国西雅图到越南，我们有 20 个研发基地，有大概 800 人，
所有的都是通过收购而来的。如果你想留人，重要的不是说："如
果你从西雅图转移到康涅狄格州，我们会节省一点成本。"那样
你会失去那个人。如果你珍惜这个人及其专业知识，你需要让自
己心理有所准备，这样你才可以留住人，让他们继续工作。

问：收购的公司保持自己的品牌，还是它们属于 NEOPOST 品牌？

答：它们会保持自己的品牌名称，并添加"NEOPOST 旗下子公司"
的字样。所以，它们会保持自己的身份，但它们也是 NEOPOST
集团的一部分。在大公司需要维护品牌是很困难的。当你开始颠
覆式创新时，你会让公司的品牌形象冒风险。你在进行的创新项
目也许会在三个月后就被取消。如果你开始的项目过多，并将其
呈现给客户，随后又从市场撤回，这可能会带给客户混乱的景象。
作为初创企业，你没有什么可失去的。如果你失败了，你关掉公司，
一切就结束了。而如果你在一家大公司，你给客户提出新的服务，
你就无法停下来。你有责任为客户实现这些服务。大多数公司很
难停止他们已经开始一次的活动。这是最有可能阻止大公司发展
的举措。

问：这是否会导致与股东或 CEO 的问题，他们可能希望将收购的价
值累积到企业品牌中？

答：这没有问题。据我所知，这些公司是 NEOPOST 集团的一部分。

问：在创新语境下，收购初创公司有什么好处？

答：收购是一种创新，并可以同时管理风险和预算。当你进行收购时，你也是在购买进入市场的时间，因为人们已经做了一些研究，也有部分的产品。它们能呈现出增长或市场利益的迹象，所以你也是在购买信誉。所有这些都具有价值。

问：NEOPOST 收购时有什么优先项？

答：考虑到我们可以为我们的客户提供潜在的软件和服务，范围十分广阔。我们不能各个方向同时发力。在研发机构，我们致力于现有产品，维护它们，作出新的修订。如果我们要发展，我们就需要做得更多，但我们所面临的挑战就是去发现我们需要做的是什么。我们之所以运用精益创业技术，是因为我们知道，尽管我们会失败多次，但我们也会有所发现。另外，我们可以看一下其他地方所发生的情况，搭一下顺风车。收购通常意味着我们采取的风险较小，因为目标在其业务的发展阶段已经历过风险。正是出于这个原因考虑，我们愿意多付出一点。

问：你所收购的公司的历史越悠久，你承担的风险就越小。公司越年轻，你得到的分红就越多。你倾向于多早收购？

答：这是折中的问题。我们没有必要在最早的阶段收购。通常情况下，我们希望看到公司已经有利可图，成为 NEOPOST 的公司后将更加有利可图，或由于与我们合作将显著提高他们的总值。

问：如果你打算进行人才收购，请问你的策略是否会不同？

答：这不像我们在过去所做的那样。当我们进行收购时，团队是至关重要的。我们会很谨慎以确保团队能够留下来。这支团队创建了这家初创企业，并拥有关键知识。我们过去犯过一些错误。我们曾让一些初期收购公司"胎死腹中"，现在我们要确保它们以尽可能的方式发展壮大。

问：错误是什么？你是如何解决这些问题？

答：我们过度关注稳固的协同效应，而不是发展业务的协同效应。
具体而言，我们试图将收购的销售队伍与我们现有的销售队伍合
并。我们至少犯了两次这样的错误。此外，我们的额外对价过于
以 EBIT（息税前利润）为导向。激励现有的产品，而不是鼓励
投资发展该产品，这会导致产品很快死亡。现在额外对价不仅基
于 EBIT，而且还基于将业务发展至其最好和最坏的情况。

问：你如何激励团队留下来？

答：通常通过奖金。创始人有锁定方案，如果他们很好地引领了业务，
那他们会获得一个额外对价。在我看来，这通常效果很好。

问：你是如何找到投资机会的？又是如何寻找收购目标的？

答：大家都清楚我们不断在寻找，并且我们看到的每一个机会都会被
仔细考虑。我们通常采取两个步骤：首先，我们确定关键的战略
方向。我们有许多已明确的方向，一旦我们决定了，便会考察这
个领域所有的公司；其次，一旦我们确定该领域的企业池，我就
会深挖看看其中是否有一个能更好地符合我们的期望。一些已经
发展太好的公司，我们买不起。一些正处于发展的早期阶段，但
我们有理由相信它们会好起来的。我们会从市场营销部门获得帮
助，我们也会得到研发部门的技术分析。

问：你有没有批准收购的权力？

答：一旦我们确定了一个目标，就需要在员工面前解释为什么这是一
个机会，然后开始进行尽职调查。研发支出包括研发的强度，也
就是研发支出与销售的比例，在我们这个行业是 4% 左右。不管
我做什么，我都要把支出控制在这个预算内。我有能力在现有业
务与创新之间选择现有预算的一小部分。这样的情况经常发生，
我被允许比承诺的预算多花一些钱。我们每年都有项目值得花费
超过我们最初预算的钱，当然，由于 CEO 是一名财务男，我需

要申请求批准。我的承诺是保证我的研发预算在可控范围内，但如果有一个很好的机会，但我的预算不能承担的话，我需要去向他解释。

问：你有没有一个特殊的方法来做尽职调查？

答：我想每家公司都有其特殊的方式来做到这一点。基本上，我们会评估风险和机遇。如果基本指标是财务的话，就会看每一个重要的变量；如果基本指标是技术的话，就会看流程和所用的技术；还要看知识产权，看它是否被保护起来了，是否有专利，有没有侵犯其他人专利的风险？

问：你会用创新会计来评估潜在的收购吗？

答：我们感兴趣的公司是那些已经实现盈利的，因此它们已经过了需要有创新会计的关键阶段。传统的会计方案是可行的。

问：你是如何看待定价的？有关于收购应该花费多少的经验法则吗？

答：我们购买已经盈利的公司，所以期望是现实的。通常收购欧洲的企业会比在美国收购便宜。当然，比硅谷更便宜。高科技、软件等领域的公司仍然有高溢价，但它在欧洲会少一些。

问：什么是收购最大的陷阱，如何避免呢？

答：你对于一家公司最初的预期是基于第一次会谈。然后，你必须让自己变得现实。如果创始人想出售公司，他们会呈现其最好的状态。在法国，我们会说新娘是美丽的。但如果妆画得太浓，新娘就可能漂亮得有些失真。所以，最大的风险是没有进行足够深入的尽职调查，发现有关的真相。我们做过一家公司的尽职调查，后来没有收购该公司，因为我们了解到的与我们最初的预期不符合，这便是一个不好的信号。我认为我们做得很好。我们所有的收购在过去两年中都有两位数的增长。

Chapter 11

第 11 章

不能收购就投资

你已确定了该初创企业符合企业的创新理论，并拥有成功所必备的所有因素：一个有远见卓识的坚实团队、卓越的技术能力、执行的天赋，以及即将推出对付费用户友好的产品。

只有一个该死的阻碍，那就是创始人不想卖。也许他们相信自己即将突破一个新的市场，投资人也即将蜂拥而至；也许他们对自己的初创企业太过投入，无法想象会成为一个外国企业组织结构中的一部分；也许他们不信任大公司会精心养育自己的宝宝。

或者，你也许不想买。你看到了它巨大的潜在价值，但时机尚早。该产品还不够成熟或目标市场竞争激烈。你想分享其发展前景，但是你不准备直接购买。

此时，有第三个企业创新战略可供选择：当你无法收购时就投资吧。面对现实吧，下一个 Facebook 不打算让一家企业买断，但它可能会很乐意拿你的钱，投资能在回报和合伙制方面带来显著优势。同时，一家目前尚未站稳脚跟的初创企业，有创意并积极进取，可以更好地使用资金，并让渡更大的份额。而你也可以更好地监测其进展情况，并评估它是否让关键指标朝着正确的方向发展，在时机成熟时做出有说服力的收购要约。

低控制，高增长

正如我们在第 2 章中所看到的，投资提供了最低程度的控制权。作为一名投资者，你可能会拥有初创企业远低于 49% 的股权。你可能会获得一个董事会席位，但即使在这种情况下，你对初创企业方向的影响力也将是有限的。你未来可能的获利空间也将被相应地限制。

另一方面，投资提供最大的动力。与内部孵化和收购相比，它的成本更低，并且你的投资基本上是无风险的。毕竟，团队、能力、其业绩已经摆在那儿。你有足够的证据在其基础上进行决策。你有机会在它升空时爬上一艘火箭，把更多燃油注入油罐中。它可能还没有爆炸，但所有系统都能"升空。"

日本最大的在线零售商 Rakutan，2012 年 5 月在 Pinterest 上下了赌注，它引导了一亿美元的 C 轮投资，包括安德森·霍洛维茨、贝西默风险投资伙伴和 FirstMark 资本。Pinterest 是那种黑马挑战者，可能会严重威胁网上零售商。不像网上商店，它"轻推"用户在闲暇时刻浏览时购买。此外，Rakutan 公司首席执行官三木谷浩史（Hiroshi Mikitani）说，Pinterest 通过其庞大的娱乐价值，具有激活客户和振兴垂死的产品类别的力量，并有望成为一个强大的移动渠道商务。由于 Rakutan 的投资，Pinterest 的估值在 2013 年末已经由 15 亿美元上升至 38 亿美元——一个随着 Pinterest 看似不可避免的 IPO 而飞跃的升值。

投资的好处

当你不能或不准备收购时，投资无疑是三大企业创新战略中最简单的、也可能是你首先需要关注的战略。但作为这三大企业创新战略之一，它所提供的利好空间是最少的。它让企业在重大决策中的作用降低，例如，是坚持下去还是转型，这都会对其业务产生重大影响。

但即使是这种低控制策略，你也可以实现丰厚的投资回报。例如，微软公司在 2007 年以 2.4 亿美元购买了一个大学宿舍内的创业项目的 1.6% 股权，也就是 Facebook。当时，社交网络的世界无可争议地属于默多克新闻集团的 MySpace。维亚康姆集团两年前独立报价 1.5 亿收购 Facebook 100% 的股份，而微软的估值相当于其 10 倍的金额，显得很离谱。然而在今天看来，很显然，微软抢到便宜货了：2014 年 1 月 Facebook 的市值是 1 550 亿美元，使得微软 Redmond 总部的股权价值高达 24.8 亿美元。更重要的是，这种关系导致了 Facebook 用微软公司的 Bing 搜索引擎，而不是谷歌的。普遍认为贵得离谱的投资也许并没那么差！

投资力学

投资肯定是让你的创新理论得以实现的最快捷的方式。创业者经常在寻找资本，你可以在任何时间在大多数创业公司中进行投资。

那大概需要多少投资金额呢？50 000 美元到 300 000 美元之间是典型的早期支持。天使投资协会的数据显示，2013 年第二季度的中位天使轮是 590 000 美元。

想想你期望得到什么样的回报，为最好的回报做打算。毫无疑问，这个建议听起来有悖常理。但是，如果你投资一家公司，它破产了，你的损失仅限于你投入的钱。如果你不投资下一个苹果或谷歌，你会错失的回报可以达到数十亿美元。

以彼得·泰尔为例。2004 年，他给 Facebook 的首轮融资投了 50 万美元，购买了 Facebook 公司 10% 的股份。不过，他退出了下一轮。到 2014 年 1 月，他的初期投资价值近 155 亿美元，但如果他下一轮没有退出，他的持股比例可能是这个数字的好几倍。教训是深刻的：泰尔此后参与了 Facebook 的每一轮股权融资。

投资工具

有两种投资方式：你可以延长贷款，其后转为股权（即可转债）；你也可以直接购买股权。这两种方法各有利弊。

可转债

一家早期创业企业是难以估值的。在开始的时候，它有很少或几乎没有价值，它的估值具有各种可能性。如果你购买一家公司的一部分，而其没有实质性的资产或收入，那该如何计算你的钱所买到的价值大小？可转债（Convertible Note）解决了这个问题。可转债在企业投资中仍然鲜见，但它们在早期投资者之间已是一种标准的做法。

可转债的效用并不局限于在公司获得价值之前，它也可以让你在股权融资轮之间进行投资，初创企业的价值可能会不断发生变化。例如，该公司在 A 轮和 B 轮之间需要现金流，但它的增长如此之快，A 轮估值已明显过低。此时，可转债就可以帮你在下一轮之前进入。

以下是它的运作原理：你贷给初创企业一定数量的现金，比如 10 万美元，不指定它代表公司多少比例的股权。初创企业将这笔资金投入到企业发展中，想必它的价值会增加。随着公司的发展，以及资产和收入的积累，有了一个确定价值的合理基础。这时会吸引其他投资者，例如，投资 100 万美元购买公司 10% 的股份，这就意味着该公司价值 1 000 万美元，你最初的贷款就可转换成 1% 的股权。

这就意味着其中有一个障碍。如果新的投资者提出用 1 000 万美元购买 10% 的股权，在这种情况下，你的股权就只值 1% 的十分之一。为了保护自己，防范你的股权被以这种方式摊薄的风险，你要设置估值上限。举例来说，如果你投资了一家有既定价值的公司，最后一轮的估值是 100 万美元，而下一轮似乎可能提到 1 000 万美元，你可能会洽谈 500 万美元的上限。

这种方式的好处在于，受注资的推动，该公司能够更迅速、更有效地开发迭代产品。迅速实现产品／市场契合，飞速发展，资产和收入实现跨越式增长。另一轮的投资者用 1 亿美元购买 10% 的股份，那么你的 1% 股权的价值就从 10 万美元升值到 100 万美元。

初创企业也有可能不会发展壮大。下一轮投资者可能不会出现，而创始人可能决定关张，此时会发生什么？如果他们找到买主，债权人将提供购买价格，所以你可能会得到你的投资额的一部分或全部。如果没有，你就不走运了。你会认定这笔投资为损失。

可转债投资的主要好处是速度。不像股权轮，可转债可以在任何时间被削减。这是一对一交易，因此它的执行要简单得多。很少有需要谈判、审核和签署的法律文书。这笔钱可以立即存放在初创企业的账户。这也是低风险的，因为如果初创企业最终被清算，会先于优先股还清债务。

在另一方面，后续几轮会稀释你的投资，所以你需要仔细设置上限。创始人可能会认为投资者的利益冲突存在风险：作为一个投资者，你会尽一切努力帮助初创企业成长；但你的投资价值也会随着初创企业的价值增长而缩水，所以你也会有动机来阻碍企业的发展。假设你具有正确的伦理道德，那这不太可能是一个问题，但你应该知道，它反过来又会让创始人焦虑。

股权投资

在一笔股权交易中，你付出了一定资金来购买公司一定的股权比例。一般情况下，初创公司会发起融资轮，直到最终轮的结束，这可能会涉及好几个投资者。一家初创公司可能需要时间来寻找著名的投资者，引导或加入其中一轮。一家快速增长的企业，随着其潜在价值的攀升，会故意推迟融资轮，从而进一步拖延时间。因此，你不可能按照自己的时间表来购买股权。这是由初创企业和它的其他出资者控制的。

股权投资的主要优点是，不像可转债投资那样，其投资的初创企业有一个有形的市场价值，你的股权正是基于这一点，所以你知道你所购买的公司值多少钱。另一个优点是，你的支票只是其中之一。该公司收到的资本远比你投入的多，而来自其他投资方的投资降低了你的风险。此外，作为股东，你有权利收到定期的财务报表，并审计公司的账务，还有可能得到董事会的一个席位，这将可以大幅提高你的参与度，并潜在影响初创企业的发展方向。

值得一提的是，参加最初股权投资的人往往在后续几轮投资中获得优先受让的权利。早期融资轮往往涉及的投资额较少，你可以以廉价的方式获得较大的股份。事实上，风投往往会选择在早期投入，以获得参加下一轮融资的机会。如果价格太高了，你可以不选择双倍下注，但你已经锁定了机会，从而获得一个非常有利可图的投资。

与这些优点相对应的弊端是，你直到初创企业发起融资轮才可以投资。此外，在清算的情况下，你将无权拿到你的钱，直至初创企业的债务已支付完。

企业投资心理

做早期投资之前，你一定要清楚一件事：一般创业者不信任企业投资者。不像具有良好关系网和经验丰富的风险投资者，企业除了提供资金，不会或极少有更多的价值。联合广场风险投资公司的创始人之一弗雷德·威尔逊（Fred Wilson）认为，创始人与企业的风投基金打交道简直就是在浪费时间。Techstars 的经理告诫创业者，公司投资者可以窃取他们的想法或阻止他们从其他途径获得资本。Upfront Ventures 的马克·苏斯特（也是精益创业投资者）认为战略投资者这一说法本身是矛盾的，这会让你在任何投资谈判中处于不利的地位。

为什么所有人都讨厌企业投资者？原因很简单。大体上，企业投资者除了他们所提供的资本外并不能增加任何价值。而另一方面，天使投资人、种子期的资金组织和风险投资人会带来潜在的导师、专业技术服务、网络、合作伙伴以及进一步提供资金的可能性。而且，与典型的天使或风险基金合伙人不同，企业投资者并没有亲自参与游戏，而且他们服务于自己的组织，他们可能今天在，明天就走了，所以他们不适合成为所投资公司的资源，而且公司政治对他们投资的初创企业来说可能是一场浩劫。

马克·苏斯特在其博客中描述了一个典型的恐怖故事：

投资一个月后，投资我们的家伙离开了他的公司。接手的人说："我从来不认为我们应该投资网络公司。我会参加董事会，但不要问我任何事情。"他的话轻描淡写。他与我斗争了三年并不余遗力地与我们的利益对抗。我极其艰难地拿到每个签字或同意。市场都知道他是投资者，但他却连在自己的公司内推广都不肯。你可以想象，我们在德国市场的表现如何，在那里，他的公司是大牌。

这将导致两个层面的结论。

首先，作为战略投资者，你应该愿意提供优厚的条件。雄心勃勃的创始人可能会觉得他们有别的选择，所以你需要让他们满意。

其次，你既不能在决策中过度重视初创企业的估值，也不应该放弃可能的乐观前景。许多投资者试图通过低廉的价格，或清算优先权这样的有利条件降低风险。但是，这种优势在 10 000 倍回报面前轻如鸿毛。请记住幂次法则：一匹黑马带来的收益足以弥补你的投资组合中所有其他初创公司的亏损。Y Combinator 不一定会挑选表现最佳的初创企业，但它的确做的是早期投资。如果你输了，你输 1 倍。如果你赢了，你获得 10 000 倍。就这么简单。你购买的是其快速、指数级增长的潜力，这是你应该优先考虑的。

选择投资

在美国，有 225 000 个活跃的天使和 460 多家创投公司，你可能会认为创业公司领域已经被其他投资者采收完毕，但事实并非如此。机会还很多，而且还有井喷的潜力。这是因为许多早期投资者选择投资对象时，并没有明确的标准。

我们在精益创业机器工作坊，询问了 50 多位投资者，希望能了解到他们是如何审核潜在投资的。很少有人会去建立财务模型或与客户交谈。相反，他们着眼于团队是否有能力和决心建立一个可盈利的业务。

放在过去这还算说得过去，那时还没有开发创业公司的技术。卓越的领导力仍是必要的，但它不是唯一的，甚至不是最重要的事情。精益创业方法提供了一个无关执行团队的抵达产品／市场契合的路线图。

评估产品 / 市场契合

关键是要通过研究（见第 7 章）和指标模型（第 8 章）评估目标。投资的研究方法或许是客户访谈。简而言之，这意味着寻找客户，采访他们，并探讨他们的问题，产品如何解决这些问题。建立指标模型，就是根据创新会计的原则模拟经营：首先，构建一个电子表格模型，描述用户行为如何产生收入，然后输入虚构指标代表理想的情况；其次，从创始人那里收集现实中的数字，输入那些数字。通过比较现实和理想的情况，你可以看到实际业务与理想有多匹配，从而确定它与产品 / 市场契合之间有多近。

当现实与理想情况相匹配时，初创企业不再需要弄清楚要做什么或如何扩展业务。它不再应对极端不确定性。它可能没有世界上最好的产品，但它的产品基本上是无风险的。

做出你自己的决定

我们调查的投资者表示，他们寻找的是社会认同。也就是说，如果其他投资者投资某个初创企业，那么那家企业必然是一个不错的选择。在互联网时代，这样评估投资可谓老掉牙了。更糟的是，这显然是一个学习的障碍。如果你不根据自己的创新理论学习，测试你的假说，并根据你的发现做出你自己的决定，你永远不会了解如何明智地选择投资。认真且有条不紊地投资，研究你的成功与失败，把汲取的教训用于你的下一个投资。

事实上，当初创企业被其他投资人拒绝进行披露，投资者对社会认同的依赖则会伤害创业者。当你接触创始人讨论投资时，请一定记住这一点。让他们知道你会做出自己的决定，你不关心其他投资者怎么想，也不会问他们的意见。让他们不用担心，如果你评估了这家公司，然后决定不投资，你的决定不会吓退其他潜在的投资人。

尽管这些技术并不是什么高深的事，但它们对你的投资策略而言，却有着如火箭燃料般的作用。秘密并不是团队的作用或其他投资者如何认为，而是产品及其市场二者之间的相互作用。很多初创公司有着很棒的团队和投资者，但一事无成。但当指标显示有明确市场价值时，很少有企业会失败。

马龙•尼科尔斯里

对话英特尔资本公司考夫曼研究员马龙•尼科尔斯

英特尔资本公司是一个创新龙头。CB Insights 公司的数据显示，英特尔公司的风险投资部门管理着 8.5 亿美元的资产，一直是自 2009 年以来，第二大活跃的企业创投，它的投资涵盖了消费互联网、云、数据中心、数字媒体、制造、移动、开源、安全性和可穿戴市场的软硬件。2011 年，该公司成立 3 亿美元的基金，提升超级本的生态系统：轻薄、高效、配备触摸屏的笔记本电脑。2013 年成立 1 亿美元的基金，用于体验和感知计算，研发可感应触摸、手势、语音和情感的应用。马龙尼•科尔斯（Marlon Nichols）领导着这些资金的种子期活动。以下是他的个人言论，不代表英特尔公司的立场。

问：**英特尔的投资策略如何符合更广泛的创新尝试？**

答：我们投资的方式是双重的：首先，我们一直在寻找能成为市场领导者、产生极大收入的公司；其次，我们正在寻找以某种方式与英特尔合作的公司。英特尔参与了各种各样的业务，频繁进出新的领域。这个公司生产的产品英特尔可以利用吗？它作为生态系统的一部分，需要在英特尔涉足前进行先期开发吗？它是否对我们关于未来的思考有帮助？

问：**是否投资与收购及孵化相协调？**

答：英特尔是倾向于并购的，但当我们投资时，我们是没有兴趣在几年内就收购该公司。如果一开始时就有收购的打算，那我们就会直截了当地收购，而不是进行股权交易。因此，我们寻找英特尔公司可能会有兴趣与投资组合公司合作的途径。

问：你所秉承的投资理论是什么？

答：整个英特尔资本内部有许多个理论。我们关注移动、安全、数据中心等投资小组，而且每一个小组对应英特尔公司一个相关的业务单元，每个组织的投资理论是不尽相同的。我们有眼睛和耳朵的概念；我们做投资是为了让业务部门知道明天可能会是什么样。在我的部门——超级本和感知计算——我们正在寻找公司，可以创造出超级本、二合一和其他设备的新的体验。我们的重点是你如何借助设备、文本让你周围的一切变得更智能，并提供对你目前的情况有意义的选择。我们也对如下领域感兴趣：3D 影像、传感、生物识别、浸入式协作，以及其他下一代的功能。

问：你如何构建你的创新理论？

答：英特尔的理解是用户体验在这个高度移动性的世界中非常重要。是什么让人购买这台设备而不是另一台，或这个软件和另一个软件之间的区别在于，它提供的用户体验不同。在我看来，现在是一个以终端用户为中心的市场。

问：在早期投资中你寻找的是什么呢？

答：这和后期投资一样，首先，关键在于市场。该公司是否解决了一个全新的问题，创建了一个市场，市场规模很大吗？如果它不是全新的，它是否颠覆了一个已拥有广阔市场的产品？是否能吸引消费者？他们会买它吗？它会成为一家 5 亿到 10 亿美元的公司吗？这些数据将为风险基金做出一笔好的投资提供参考。最终，你需要提供明确的投资回报，你需要为你的股东创造价值。如果你是在一家机构基金公司，这意味着它是你的有限合伙人；如果你在企业风险投资公司，这意味着它是你唯一的有限合伙人。接下来，就是团队。这是一群聪明的人吗？他们能否做出必要的调整？他们是否知道正在试图进入更好的市场？最后是竞争和分化。

他们做的是唯一的？是很容易复制的吗？如果不是，复制门槛有多高？如果它不是可防守的，他们需要多少资金来构建门槛？是否足以让他们在市场保持优势？这是你最初应该注意的三件事。

问：战略投资者已经在初创企业社区有一个坏名声。那一个好的战略投资者的关键是什么？

答：不要强加给创业者不友好条款，兑现承诺。做出相关的和具有影响力的介绍。有规律地参加董事会并作出贡献。全面支持投资组合公司。要认识到你与公司以及其他投资者是合伙人关系，也要做到这一点。

问：你如何说服你的投资对象，证明你是一个好的投资人的？

答：我不可以代表所有战略投资者，我只代表英特尔资本。我们会从长远考虑投资。在 2013 年，我们进行了 52 个新的投资和 72 个后续投资，因此，我们在目前的投资组合中进行了 20 个后续投资而不是进行新的投资。这表明，我们一直关注并持续支持我们投资的企业。我们也在其他方面增加价值。首当其冲的是，我们与英特尔公司紧密相连，具有广泛影响的关系网络。当投资组合公司急切想找到我们没有联系的技术公司时，我们会举办英特尔投资技术日，我们带来客户，如微软、宝马和华纳兄弟，寻找早期阶段的公司合作，解决挑战。我们诚邀针对此挑战有解决方案产品的组合公司。在会议结束时，客户公司可以决定他们需要跟进哪些投资组合公司。大多数的投资组合公司会有第二次会谈的机会，其中很大比例的公司会最终与客户公司合作。能够和全球200 强的 CIO 坐在一个房间，对高科技初创企业来说是一件大事。我们还举办每年一次的英特尔投资全球峰会，在那里，我们会邀请来自投资组合公司和其他全球性组织的高管，一起度过一周。2013 年我们举办了超过 2 300 场的会议。

问：英特尔公司从战略投资获得了哪些好处？

答：那就是与我们投资相关的财务回报，这是公司的额外收入。此外，我们是公司的眼睛和耳朵，让他们于各大报刊之前看到新技术趋势。此外，英特尔公司可能在研发一个特定的技术，而且我们的一家投资组合公司已经开发出了一种创新解决方案，能够给我们的客户提供更好的结果。另外还有生态发展。英特尔能够创建支持 3D 成像的芯片组，但是，如果没有一个附带的、令人信服的体验，消费者是不可能掏钱付费的。因此，投资那些可以帮助推动这些体验的企业是很有好处的。

问：你会在你投资的公司董事会中担任董事多久？

答：这取决于我们是否主导了交易和我们参与的规模。我们趋向于主导，如果我们这样做，那拥有一个董事会席位是有意义的。如果我们作为少数投资者加入一个财团，我们可能会选择不这样做。无论我们占的是一个董事会席位还是董事会观察员席位，我们的目标是带来尽可能多的价值。事实胜于雄辩，我们在 2013 年有 26 次退出，其中 22 个是并购交易，其他四宗是首次公开招股。除非你能帮助公司不断发展，否则你是不会有这样的成绩。

问：一个董事会席位有什么好处？

答：我不清楚有董事会席位或董事会观察员席位哪个更好。在这两种情况下，你都可以获得大量关于公司方向、健康和业绩的信息，你建议管理团队有什么可以帮助他们做的。最大的区别是，董事会成员有表决权而观察员没有。但是，一个有效的董事会观察员仍然可以影响一票。关键在于永远做对公司最好的事情。

问：你是如何建立交易流量？

答：交易流量的最佳来源是创业者。CEO 和你过去曾合作的创始人给你介绍那些刚开公司的人，或者你合作的创业者可以给你介绍其他创业者。我与加速器经常合作，培训和指导他们的公司，以便与创业者保持联系。一些初创企业将获得成功，而且他们会记得你。其他投资机构和合作伙伴也是很好的来源。

问：平均而言，多长时间才能从了解一个潜在的投资到完成交易？

答：我见过在两个星期内完成的交易，但要避免冲刺，除非这是绝对必须的。要一直记住，你需要长远的考虑，最重要的是要真正了解你投资的企业和人，一笔种子期交易需要大约四个星期的时间。进行一系列 A 或 B 轮的交易典型的时限为六个星期，但它取决于交易的复杂性。

问：什么情况下会通过可转债投资，在何种情况下可以直接进行股权交易？

答：大多数种子期交易采用可转债投资。对于 A 轮和以后的大部分交易已定价。它取决于投资时该公司处于什么阶段。

问：什么是战略投资的典型规模？

答：没有典型的规模。大多数种子阶段的公司募资一般在 25 万美元到 250 万美元之间。A 轮或 B 轮，也许是 500 万美元到 1 000 万美元之间。但是这取决于很多变量：公司的增长有多快；它的潜力是什么；在特定估值下市场对公司是否感兴趣；无论从软件还是硬件上，需要募资多少才能达到成功。

问：至今你已经收到的回报率最高的是什么？你达到了多少次？

答：在 20 多年中，英特尔资本得到了许多积极的回报，完成了 534 次退出。其中包括 VMWare、RedHat、MySQL 和 Citrix。这个周期一般是 5~8 年，而我在这里只有 3 年，但希望我能有机会实现类似的成功。

```
┌──────────────┐
│  Chapter     │
│  12          │
└──────────────┘
```

第 12 章

创新流

在前面的章节中，我们讨论了运行精益创业创新殖民地的哲学、结构、流程等方面的内容。但是在产生足够的创新流的同时，也带来了极大的挑战。你需要有稳定的创意流，而这些创意要符合当下的商业趋势。由天使、加速器、风险投资者和创业者们组成的创新殖民地网络可以提供对趋势的洞见，而创新殖民者们也有着自己的专业知识和见解。如果一千个想法里只有一个有成功的机会，那么你就需要把你的目标从数以千计的前景不错的创意中选出来。这是一个大数目，但它并非遥不可及。即使是很小的殖民地也能做到，而一个大的殖民地也可以相应从更多数量的想法中筛选。

一个创新殖民地的初始规模取决于企业的方法和优先任务。大多数公司可以支持一个中等规模的殖民地，而也有其他公司一开始就全力以赴。我们认为从小型开始，并随着殖民地开始产生成功案例而逐渐发展壮大是有道理的。不管你以什么规模开始，产生创意流量同样具有挑战性。你需要考虑成千上万个可靠的机会，直到你找到一个引爆点。下面是提升这种能力的一项计划。创意可以来自意见箱、集思广益的会议、黑马大赛，精益创业活动如内部孵化（见第9章），或通过与投资和初创社区的密切互动，如早期收购（见第10章），以及不能收购时的投资（第11章）。在任何情况下，你需要一个正确规模的殖民地来管理其产生的创新流。

对于那些想要由创新瑙鲁开始（世界最小的岛国），一路干到星际联盟的企业，我们提出了从最小资本到奢华资本创新工场（访问 http：// theleanenterprisebook.com/resources 了解更多信息）四个阶段的建议。每个阶段的预算有一个限定，旨在刺激紧迫感和提倡节俭。这样做的目的是要建立基于大量适度支出的创新流。不论初创企业是如何起步的，对可用资金的严格限制可以鼓励尽早收购或投资，严谨地评估产品/市场契合。

这四个阶段的孵化器人员配置、采样数以及投资的数量是逐级限制的：第1阶段是500万美元，为期两年的实验；接下来的三个阶段分别是五年2 000万美元、五年5 000万美元，和十年1亿美元。在每个阶段，预算摊派40%至孵化，20%给收购，以及40%给投资。这些百分比是准则，而不是规则，你可以随意根据你的需要进行调整（注意，你的长期目标之一是发展孵化的能力，而另外两个策略在很大程度上是达到该目标的手段，为市场趋势指明方向，为人才和合作伙伴敞开大门）。

一家初创企业也就是已经被孵化至基准指标的一笔投资、一项收购或一个内部项目。

第1阶段。第1阶段是一个有限成本概念的证明。其目的是在进展中测试总裁和机构的进展情况。两年中花500万美元，你可以分配给投资和孵化各200万美元，100万美元用于收购。一次投资25 000至50 000美元，你可以从比机会数量多10至20倍的总数中选择60个进行投资。假设平均工资75 000美元，孵化的预算可以用于五个团队，每个团队两到三人。如果每两个月转型一次（即，如果他们到达设定基准指标的时间需要那么长的话），他们可以在两年间评估64家初创企业。100万美元的收购预算，可以从5至10倍于初创公司的数量中，选择收购一到两个售价在50万美元到100万美元的团队。这样就可以让你从约1 200个可能性中进行120次尝试。

因为两年的时间跨度相对较短，成功的标准是，确保50%到70%的初创公司每年有后续资金（70%的Techstars公司收到后续资金）。如果一切顺利，两年后，总裁将获得一个额外的1 500万美元拨款，转移到第二阶段。

第2阶段。第2阶段是对新兴创新殖民地2 000万美元的信任投资。该投资配比是五年间获得800万美元，足够进行240次尝试。通过八个团队的运营，孵化器可以从10到20倍的数量中选择测试大约256家初创公司。此外，我们可以从5至10倍的数量中选择收购4到8家公司或团队。在此阶段，创新殖民地可以从多达5 000个选项中测试近500家初创企业。根据剑桥协会数据，第2、第3和第4阶段的目的是获得平均每年19%的增长，达到2007年—2011年风险投资的平均顶尖收入。这可以验证殖民地的有效性，并导向第3个阶段。

第3阶段。继续维持5 000万美元资金的水平，创新殖民地投资2 000

万美元给约 480 个独立初创公司。53 个人可构成 21 支团队；投资 2 000 万美元测试 640 个初创公司，并花费 1 000 万美元完成 10 到 20 个收购。五年结束时，创新殖民地将从多达 11 200 种可能中推出超过 1 120 个项目。只要有少数命中，更不用说很多的小的成功，都会为公司带来健康的投资回报。

第 4 阶段。这是一个价值 1 亿美元、10 年间犹如亚特兰蒂斯岛屿般升起的完全的创新大陆。投资购买大约 9 600 个公司的股份，将抓住有潜力的初创企业的机会最大化。大部分投资很可能在第一个三到五年中发生，在十年之内得到回报。孵化器中现有 106 名工作人员，可以分为大约 42 个团队，有能力培养 1 280 家初创公司。此次收购预算涵括了多达 40 个人才收购的团队，虽然你可能想一掷 1 000 万美元到 2 000 万美元将你想要的产品增倍。创新殖民地控制着 2 280 家初创公司，可以从这个数字约 10 倍的数量中选择出来。

考虑到我们已经讨论过的组织结构（见第 3 章），在我们看来，这是创新殖民地规模大小一个实际的上限。在过去的十年中，大的风险投资基金一直表现优于规模较小的竞争对手。也许更大的创新殖民会更好。

达到第 4 阶段及更高阶段的公司已准备好大规模的创新，实施所有战略，并将精益创业原则用于指导公司各方面的发展。他们将利用最先进的技术在技术变革中立足，开发高度理想化的产品，并以尽可能低的成本带来大量的客户。他们将引领一个新时代，其中整个社会的创新能力将得到前所未有的有效利用，大公司会比规模较小的竞争对手更创新。这是精益创业的最终承诺。

贝内特·布莱克

对话财捷创新领导者贝内特·布莱克

贝内特·布莱克（Bennett Blank）2007 年加入财捷成为交互设计师，从那时起，他已经帮助公司奠定了创新的基础，使其从单一的部门发展到自下而上培育新产品的网络。财捷独特的草根创新特色使其在商

THE LEAN ENTERPRISE
How Corporations Can
Innovate Like Startups

业框架外产生出许多新鲜的想法，带来数以百万计的额外收益（根据公司统计）和更多的未来期许。布兰克正驱动着形成这种创新能力的力量，他认为他的工作就是"接受创新的魔咒并把它扩散到整个公司"。接下来，他和我们探讨了他的方法。

问：你的个人创新方法是什么？

答： 最具创新性的想法来自对客户的独特见解。我会花时间和客户们交谈，了解除了他们想要完成的事情之外，他们的希望、恐惧和梦想。然后在此基础之上，探索各种各样的潜在机会，并制定一系列具体的问题陈述，让客户测试，看看是否在某种程度上改善了世界。起始点要足够高、足够大胆，这值得你花费时间和精力，然后尽快测试你所拥有的解决方案，确定其是否真正有价值。

问：财捷是如何处理企业创新的典型壁垒的？

答： 和许多大型组织一样，财捷公司面临着同样的挑战。我们通过创建一种草根文化来打败它们。每个人都可以花 10% 的时间在他们感兴趣的任何事情上，每个人都有权提出想法，并至少可以开始发展这些创意。我们训练公司中的每个人都通过一个名为"为设计而悦"（Delight for design）的项目，来发展自己的想法，也就是我们内部的设计思维。项目秉持三大信条：客户共情；机会探索；与客户快速实验。需要帮助的员工可以打电话给教练，我们对持续时间为两天到一周的项目都会设立特殊工作坊，人们在那里可以获得其他工程师和设计师的指导。我们也会遇到挑战，比如决定投资哪个想法，或如何平衡新的想法与现有项目的优先度。那永远都是一个挑战。但财捷公司给予员工空间，让他们开始，并指导他们前行。你不一定会推出一款全新的产品并开始获利，但你肯定会形成一个团队，与客户交谈、运行实验。

问：创意从何而来？你是如何产生想法的？

答：想法无处不在，就是这样。不管是看门人或首席执行官，每个人都有平等的机会探索一个想法。有时我们会做一个挑战。一个企业领导会说："我想重新想象 QuickBooks。"或"我想找一个关于 X 的想法。"有时我们会进行思想大碰撞，这是聚焦一个特殊主题的头脑风暴。我们从问题和我们客户所遇到的问题中得到启发，但也可以通过研究得到启发。我们尽可能完全做到最好。"跟我回家"这个短语用来描述我们走出公司，观察客户的这一过程最妥帖不过了。这是我们 30 年来发展的基因，每个人都明白这是我们企业文化的一部分。这并不意味着我们到客户家里，而是走出去看世界，观察客户在日常生活中如何应对挑战。如果你做了这些，你可能会有四到五个新想法。

问：员工如何形成团队？

答：我们有一个内部的工具叫"头脑风暴"，一个可以让员工们交流想法促成合作的社交网络。如果我真的很忙，没有时间进行创新，我不需要登录。但如果我有一段空闲时间，我就可以利用我的业余时间寻找些东西，或如果我对一个产品有灵感，我认为客户会喜欢，我就可以登录这个工具，找到那些可能会有兴趣帮助我的人们。它基于进行中的项目来将人们连接起来。如果是一个苹果手机 App，我可以搜索也对开发苹果手机 App 感兴趣的人。我可以说："特里沃，我知道你对苹果手机 App 很感兴趣，你在支付团队工作。我的想法与移动支付相关。你觉得怎么样？""那么我们可以讨论，"特里沃可能会说，"我们已经试过了，这不靠谱，"或"你的想法类似于某个已经开始的项目。"这样我可以加入到这个团队中。同样，作为一个有想法的人，我可以分享它，邀请人们贡献或加入我的团队。

问：一个想法是如何实现商业化的？

答：人们既有渐进、持续创新的想法，又有大胆、从未面世的全新点子。

持续的创新往往会被团队成员的业务部门所吸收，并通常能得以实现。关于小的想法节省了数万美元或给我们一个颠覆性的变化，我们可以讲出很多故事。对于足够大胆的想法，团队需要收集尽可能多的证据，证明这是一个财捷应该考虑的想法。到某个特定时候，他们将会找到一位商务主管或产品经理，作为产品推荐一个好的途径。"我们认为我们有些成果了。我们已经进行了几次实验，结果也不错。你们觉得怎么样？"我不会说这很随意，但它也不是一个正式的 CEO 和董事会审查。

问：用什么标准来决定是否投入大量资金？

答：我们希望，这一流程会让他们自我证明这些想法是最有价值的。大多数的想法并不是特别地好，那没有关系。小组可能会自行选择说："我们的想法并不那么好。"而另一个团队可能会说："我们的有一些长处。"如果是在他们自己的部门里，他们可以直接执行它。否则，他们必须把它放到自己的演示文稿中，或整合到别人的项目中去。他们需要提出证据，向高管们表明这是值得追求的。

问：对于那些极具颠覆性的创意呢？

答：如果一个想法距离现实太过遥远，要想向别人说明我们要如何做到和解释它的重要性并不容易，这是一个挑战。理想情况下，团队会提供足够的证据来证明这对财捷是有意义的，它将会带来持久的竞争优势。如果它不在我们的业务范畴内，不与我们提高客户财务状态的目标相一致，它可能就不会得到资助，并不是因为这是一个不好的想法，而是因为我们需要为我们的使命服务。

问：假设有更多的想法比更少的想法更好，你如何产生更多的想法？

答：我们正在努力让那些拥有创意的人产生更多的创意。我们可以挑选出赢家的机会和任何其他人一样低，那我们为什么还要这么做呢？团队会很快发现一个想法不好，市场没有准备好，客户不是他们所期望的，执行不是很正确，或任何其他问题。"头脑风暴"中有成吨的想法是团队探索出并决定不去追求的。我们不会说："我们看到了你的点子，请你来推介给我吧。"对我们来说，这更像是："如果你有兴趣的话，这里有一个机会。"团队必须自己采取主动。

问：你能告诉我们一个成功的故事吗？

答：有一个产品叫 SparkRent。一对夫妇提出付房租应该更容易。他们在"头脑风暴"中捕捉到了这个想法，并在一个为期两天的精益创业活动中，通过与客户的快速实验完善了这个想法。他们进行了一些简单的实验，了解到房东和租户是有兴趣的。他们继续追求这个想法，并获得了足够多的证据，以说服他们的部门，让他们可以在该项目上投入超过 10% 的时间。他们不断地发展和开拓市场，到现在，它已经是一个真正产生收益的产品了。这个故事的重点在于，几个人运用自己的创新原则，在自己的项目上取得持续的进展，直到他们获得更多的资源。在过去 18 个月里，它成为财捷值得继续推广的一个案例。在其他组织中，也许会选出一个胜利者，赢得冠军，获得 1 000 万美元的资金，去实施想法，那不是我们的做法。你要 1 美元，你把它花掉，然后你再要 3 美元，然后再把它花掉，接下来是 5 美元……你需要随时间打造一个项目而不是获得胜利。

问：你的创新过程演进中，下一步是什么？

答：有很多事情都给予我们创新启发。文化层面的基础已经夯实好，接下来是精益创业方法。现在我们的草根创新发展得如火如荼。下一个阶段的重点是寻找更大的机会。在即将上市的产品中，我们还没有确定下一个 QuickBooks 和 TurboTax。现在的想法层出不穷，我们需要给予团队加倍助推，让他们有更多的机会去独立实施他们的想法。我们正在释放能力，以到达下一个阶段。

问：财捷系统全速运行会是什么样子?

答： 财捷公司的创始人斯科特·库克，希望留下一个自下而上产生新想法的公司，因为这比自上而下的运行更可持续。这是一个更长远的打算。你需要在整个公司内进行投资。但是随着时间的推移，我们认为这是一个更好的策略，这也是财捷最擅长的。我们有多个业务部门，我们组织结构是矩阵型的，以及我们拥有所有这些结构性的东西。与其试图改变这一过程，倒不如尝试将它改造成一个对我们工作有利的创新过程。

| 结语 |

创业创新时代

为了创新而专门创建一个独立的实体来进行管理、执行，并从中获利，最低程度地接受企业指导或与现有业务部门合作，这个观念挑战了企业文化中最深刻的价值观。让人难以接受的是，一个成功、老牌、名声在外且富有经验的组织对其新兴的创新部门，除了资金支持之外并无其他可提供的。

在与企业高管们讨论本书思想的过程中，我们遇到了热情的拥趸，也听到了反对意见，我们探索创新殖民地概念和精益创业流程的方法也受到了很多影响。我们听到高管们抱怨员工缺乏创业精神，而他们的员工却抱怨企业缺乏对内部创业的支持，因此我们得出结论：一个单独的创新实体是最佳方法。我们看到企业投入了所有的精力，只获得了较小的增益，而更小、更精简的组织却能够重新定义产业。我们尊重伟大品牌的力量、星云分布的渠道力量和资金的实力，但它们若缺乏已达到产品／市场契合的突破性的商业理念，那在很大程度上会是无力的。然而，在这一点上，企业的实力可以完成初创公司很少能够达到的高度。

在接下来的几页中，我们检讨了一些最常见的反对意见，并说明了为何企业按我们所描述的原则和方法去追求创新能够获益颇丰。我们还阐述了一些更深层的含义。当企业持续创造全新的产品、开拓新的市场和激发新的行业时，将会彻底地影响创新生态系统。

对精益创业的异议

对精益创业的争论，很大程度上是由于未能成功感知近几十年产品开发和营销领域的深刻变化。让我们依次检讨最常见的反对意见。

异议：现有组织可以处理创新

企业管理者们很难接受建立一个单独的创新实体的需要。他们的公司经营得很成功，所以他们不理解为什么这样还不够。他们为自己的公司而骄傲，这无可非议。他们喜欢控制一切——毕竟，这是他们所擅长的。

问题是，企业环境是属于执行的，而创新是一个先于执行的发现过程。一次又一次的研究表明，企业不能从内部颠覆自己现有的业务。对任何特定企业而言，这是企业生命线的资源和实践，是让其无法挑战传统业务的根深蒂固的免疫系统。打造全新的商业模式需要一个环境，其中文化、优先事项和流程是可变的。我们选择了创新殖民地隐喻来强调对创新至关重要的独立性。而其他的说法——臭鼬工厂、内部创业项目、创新实验室和创业伙伴关系——都对产生新的高增长业务无效。它们的最大弱点是缺乏自主性。

创新殖民地无需履行企业优先事宜，可以快速学习客户需求，开发产品，并在竞争对手之前到达市场。它可以开发出与公司现有业务直接竞争的产品，并吸引不会考虑为大型公司工作的创业型人才。它将仅为追求增长做任何它所需要做的事。

异议：企业不需要创新殖民地，他们需要一种创新的文化

企业文化是最大限度地减少风险。初创企业的文化是拥抱风险。高管们相信他们可以引领公司冒更大的风险，他们的员工可以被激励押注在不确定的未来上。但是，企业文化并不具有可塑性。它源自这家公司数年来维系其运行的结构和流程。文化不能单独被改变。这种变化需要改变使该公司成为该公司的要素，在这种情况下，它将不再是同一家公司。

你不用改变公司文化，你需要创造一种全新的、不同种类的组织，为你想要培植的文化提供肥沃的土地。把创新殖民地设想为远离企业的"大

陆"，在那里，冒风险是常态，员工自己会主动选择孤注一掷，并且当他们赢得赌注时能获得丰厚报酬。殖民者每天都会进行创业型思考，而不仅仅是在少数强制性的时刻，或当其符合公司预算或政治时才去进行思考。随着时间的推移，一种创造性的、颠覆业务的能力将成为他们的核心竞争力。

异议：与员工共享未来利好是复杂、昂贵和没必要的

对许多企业高管而言，分享股权的概念是违反直觉的。他们习惯于通过在公司内支付工资或股票来创造价值。他们可能会认为企业的支柱——现金、市场营销、分销网络和技术投资组合要比其员工的产品开发努力更有价值。他们可能很难理解创业的冲动。毕竟，在大多数情况下，他们已将大部分的职业生涯奉献给攀登企业的阶梯上，而不是在建立自己的公司上。

这些高管们缺少的是所有权所带来的不同寻常的动力。与 Instagram 的联合创始人凯文·斯特罗姆（Kevin Systrom）在 TechCrunch 进行视频交谈后，主持人克里斯·迪克森（Chris Dixon）作出了一个精明的观察结论："所有权是对你为什么会夜以继日地工作以及不断思寻的最佳诠释。我不知道微软的股票期权是否能感觉像所有权一样。"换句话说，若有正确的动机，企业家将会倾其所有，这些都是对实现产品/市场契合十分必要的。他们需要拥有那些初创公司，如果他们不能在企业内这样做，其中最具决断力的人将会开始自己的事业。其部分原因是在企业内部获得巨大成功的机会很小。但它也关乎人们的荣誉感和遗产：当新的帝国消亡时，创业者们需要的是离开。

与员工分享上升空间不必过于复杂或慷慨。换个角度看，用股票交换薪酬实际上减轻了企业的风险。通常公司会砍掉工资的 50%，以便能够大规模地雇用创新人员。更多的人意味着在大量投资中可以更好地进行多样化的投资组合。如果你够幸运的话，可以命中一次，但如果你因感觉给了他们太多的股权而放弃的话，下一次尽量减少股权，再看看情况如何。将建立–衡量–学习周期应用于所有级别的业务上，而这只是其中之一。

异议：精益创业技术不能产生复杂产品

许多人都误解精益创业适用于玩具，而不是严肃的产品。企业高管们习惯于了解最好的情况。由于代际问题，他们可能对用瀑布传递方法有些经验。当你确切地知道你想做什么并且不会改变你的想法的时候，这些久经考验的模型无疑是好的。当然，它们对于制造没有人想要或需要的东西也是非常棒的。

我们认为，这种误解的根源之一是精益创业风格的实验和迭代的早期输出是一个按比例缩小的最小可行产品（MVP）。如果这是你所知道的精益创业，那么，反对意见就显得很有意义。但在现实中，这一最小输出仅仅是一个又一个可持续业务的开始，而不是结束。一个 MVP 能够确保你为你的客户建立正确的产品，并且这个最初的步骤可以作为核心，扩大产品规模以有效地进入一个更大的市场。

为什么最小可行产品的规模不能和团队野心同步扩大呢？这其中没有任何原因。看看由埃里克·莱斯创立的 IMVU 公司，他也是精益创业的创造者。IMVU 是一个大型虚拟世界，拥有大量尚未为世人所知的技术。它是以最小可行产品为开端，多年来逐步发展为一个精心设计广泛的基础设施，用于探索、社交互动和娱乐。不断地应用和发展精益创业并实践于建立－衡量－学习周期。

我们知道，正确地实践精益创业方法甚至可以让大型而复杂的产品以更快、更便宜的方式抵达市场。从企业的角度看，它最大的好处就是避免灾难性的产品失败。没有什么能比推出一个失败的产品更能损害一个 CEO 的职业生涯，没有什么比浪费在无意义的努力上的资源更能破坏员工士气的。确保每一个功能都服务于客户需求，精益创业方法指导团队走向成功，不管最终产品是简单而小还是复杂而庞大的。

异议：为什么当你可以购买一个成熟的创业项目时要进行孵化或早期收购

业务拓展部门一直在寻找值得收购的公司。不仅仅如微软、谷歌和Facebook这样的科技巨头会进行收购，农业汽车、健康、金融服务，甚至是零售业的大公司在硅谷及其他各地也在"狩猎"。

他们寻找与自身业务范围相协同的企业。这也就意味着目标应是快速成长阶段的初创公司。它给人的第一反应是企业可以利用其大量资源帮助收购对象成长。

然而，这种策略是有风险的。后期收购必然会导致上升空间有限，这大大缩小了你的潜在收益。获得一家有动力的公司会让你付出高昂的代价，并有可能让创始人有足够的退休金放松休息（在他们的新游艇上）。另外，如果你仔细考虑，那些最愿意出售公司的创始人将是那些对未来发展能否超越你所提供的价值最不自信的人。

其后是将初创企业融入一个大型的企业文化中的风险。早期收购将减少或回避这些危险。在一个充满活力的年轻公司，你可能以廉价的方式得到一块崭新的、利润丰厚的土地。

请注意，我们并不是建议用早期收购来取代通常的公司收购。我们认为它是一个单独的活动，具有高风险，但能带来更高的回报。收购创新殖民地并不是想为现有的业务范围服务，而是培育颠覆式创新，让企业保持长期健康的运行。

异议：真正的男人不会轻易转型

作为精益创业理论的诸多元素之一，转型的概念激起了一些观察家的男子气概："转型即示弱。"

让我们举一个有趣但真实的故事例子：2013年年初，我们两个飞去硅谷与Y Combinator会谈，希望参与他们著名的加速器计划。在与我们的谈话中，一个合伙人说："上帝啊，如果我们让你们在这里，我们将不得不时刻听到'转型'这个词！"

他的眼睛都长到后脑勺了，我们担心他会癫痫发作！但说真的，有一种趋势，特别是在特权阶层之间，他们认为转型是优柔寡断和散漫的。几十年来，这种思维定势在企业中蓬勃生长。即使是初创社区中的杰出人才，如 Techstars 纽约公司的戴维·蒂希（David Tisch）与布鲁克林大桥创业公司的查利·唐奈尔（Charlie O'Donnell），也曾公开表示对于转型价值的质疑。

问题是，市场"保持原轨"是一个成功策略的说法已不再风行。根据技术的迅速发展和市场变化的不可预测性，转型的意愿可以说是创新的前提。基于扎实的指标模型的转型并不缺乏承诺。这是一个基于证据的面向现实世界的调整。此外，创业者们将为自己初创企业的股权所激励，只有当一个无效的假设已经运行时，才会仔细考虑转型。

对于企业来说，转型意味着高回报、速度更快和较低的成本。创新团队中的某些成员过早地、过于频繁地或以错误的方式转型——我们常常看到在我们的企业客户中出现这样的情况。但我们也看到，他们从经验中学习，并随着时间的推移做得更好。因为他们意识到创新殖民地是一个整体的利益。

建设创新帝国

对那些努力排除众议并全身心拥抱创新殖民地理念的企业来说，一个问题也随之应运而生了：为什么仅仅停留在一个殖民地上？难道大英帝国只有一个殖民地吗？

创新殖民地必须由一种独特的创新理论驱动才能有效，但没有任何理由可以解释为什么企业必须选定单一的创业要求。对平板电脑应用程序充满激情的殖民者，可能会被安置在一个关注手机硬件的殖民地中，而关注硬件的可能会占据另一个殖民地，那些被迫去寻找服务领域机会的人却又占据了另一个殖民地。或不同的殖民地可能侧重特定的区域市场。我们不能理解为什么一位有野心的高管不努力去打造创新帝国。

我们并没有看到这种思路有任何实践限制。一家企业拥有创新殖民地越多，它就越创新，且积累的创业人才也就越多，更能从各个殖民地的信息和人员交流中受益。

著名的风险投资家罗纳德·康威（Ron Conway）说："每三个月就会有一家亿元级公司诞生。"现在是每一个月就有一家诞生。任何一家企业都希望创新殖民地成为其核心能力。

到最后，创新殖民地甚至可以取代传统的业务部门。今天的业务部门可能是现金奶牛，但他们的寿命在逐年变短。现有业务范围必须不断更新或冒着在更大范围内颠覆自我的挑战。创新殖民地有着严格制定的创新理念，它们可能有更长的寿命。正如创新殖民地毫不犹豫地分拆与企业核心业务部门竞争的公司，他们不应该动摇与被分拆公司的竞争。他们的工作是在他们的范围内创新并收获成果。

创业的终结

创新创业已经发展到了一个拐点。最近，它已成为一门艺术，为那些有才华、有手段或运气足够好地成为大师学徒的那些人所有。然而，我们认为这是一门科学，特别是涉及软件方面（记住"软件正在吞噬这个世界"这句话）。

网站托管服务、高级编程语言、开源软件，以及日益盛行的社会媒体为更快、更便宜和较以往更容易的产品开发提供了基础。而精益创业方法的制定使它成为可能，并始终如一地开发顾客将购买的产品或服务。必要的技能已经被商学院反复教导，由加速器扩大宣传，像我们自己的精益创业机器一样的组织繁衍生长。这些发展已经让创业从误打误撞发展成为了一个可行的职业选择。

那么现在呢？我们认为创新殖民地是链条的下一个环节。从现状来看，企业相对于初创企业已没有真正的优势，事实上，他们有一大堆的缺点。但当他们执行精益创业的做法，建立创新殖民地，并完善所涉及的管理条例，他们就有机会胜过自主创业者。他们可以收集和组织推出新公司所需的资源，除去开始新业务的协调成本外，为颠覆式创新创造一个无摩擦的环境。与在企业创新殖民地内的情况相比，你自己创建一家新公司会有更多的摩擦。

企业创新的优势并不意味着硅谷将会干涸、随风飘散，但它将面临一个新的、强大的竞争对手，那就是精益创业。

仅基于资本来源方面，精益创业的优势就是显而易见的。根据美国国家风险投资协会统计，2013 年美国风险投资总额达 2 940 亿美元。相比之下，排名前五位的最有钱的美国公司苹果、微软、谷歌、辉瑞和思科，2012 年共持有 3 470 亿美元。这些公司若将其 10% 的基金投入到创新殖民地中，完全可以开辟出一条创新的沙山路（硅谷的 VC 一条街）来。抓住创新先机的大企业将面临着一个向其敞开大门的、遍地黄金的新领域。

当企业展示出他们的创业能力时，他们将对我们创业的思考方式产生巨大的影响。看看今天最成功的创业家是如何被尊为摇滚明星，并在政党和政治筹款活动中频频亮相的，他们会上访谈节目接受访谈，并在好莱坞电影中崭露头角。互联网时代产生了许多不同凡响的形象，正如它所塑造出的那些意想不到的新工具和玩具。想想史蒂夫·乔布斯，他代表着大胆、想象和持久力，扎克伯格则是洋溢着青春活力与智慧叛逆的象征。多少新型创业者正被那些家伙蛊惑着！

但我们认为，最终，创业的制度化将会挤压创业成就中的那些浪漫主义色彩，直到它们成为一个专业能力的问题，而不是一种艰难困苦中的英雄主义的胜利。

创业创新时代

创业作为一个浪漫代表的结束，象征着一个在商业和社会中被赋予戏剧性的、令人兴奋的变化的结束。

不是每个人都会欢迎这个新时代，甚至当我们展望它时也会百感交集！正如网上约会在我们父辈眼中是多么地令人困惑，甚至是令人厌恶的，企业引领创新的崛起会使那些轻视系统效率的个人主义者们感到沮丧。

即将到来的创新帝国将以前所未有的规模进行创意探索和商业思考。凭借巨大的资源、精明的管理，以及比以往任何时候更精细的技术来实现产品／市场契合，创新殖民地将以前所未有的速度，去探索现实的问题，开发新的解决方案。它们的组织结构将反映互联网市场的现实，使小团队承担不可预知的市场变化，以尽可能快的速度赢得新兴市场。创新殖民地将通过孵化、收购和投资获得最有力的技术并引领大潮。他们的自主管理将限制他们一贯本能的自我保护与自我提升。高管们摆脱了企业预算的束缚，将自由地引导殖民地的商品到市场中。殖民者作为一个不断增长的为客户需求而定制的项目的受益者，将为让他们的项目保持独创性和专注度而不断前行。

这是一个令人兴奋的时代。我们正在见证创业创新的新曙光。我们正在一个为客户提供的更为丰富的世界中觉醒。我们将更快速地为人们最紧迫的问题提供解决方案。我们将在前所未有的规模和速度中拥抱创新。欢迎来到精益创业的时代。

图书在版编目（CIP）数据

精益创业：打造大公司的创新殖民地 /（美）欧文斯，（美）费尔南德斯

著；梁赛玉译 .—北京：中国人民大学出版社，2016.5

书名原文：The Lean Enterprise: How Corporations Can Innovate Like Startups

ISBN 978-7-300-22462-6

Ⅰ . ①精… Ⅱ . ①欧… ②费… ③梁… Ⅲ . ①企业创新—创新管理 Ⅳ .
① F270

中国版本图书馆 CIP 数据核字 (2016) 第 025518 号

.

精益创业：打造大公司的创新殖民地

【美】　特雷弗·欧文斯
　　　　奥比·费尔南德斯　　著

Jingyi Chuangye：Dazao Dagongsi de Chuangxin Zhimindi

出版发行	中国人民大学出版社	
社　　址	北京中关村大街 31 号	**邮政编码**　100080
电　　话	010-62511242（总编室）	010-62511770（质管部）
	010-82501766（邮购部）	010-62514148（门市部）
	010-62515195（发行公司）	010-62515275（盗版举报）
网　　址	http://www.crup.com.cn	
	http://www.ttrnet.com（人大教研网）	
经　　销	新华书店	
印　　刷	北京联兴盛业印刷股份有限公司	
规　　格	170mm×230mm　16 开本	**版　次** 2016 年 5 月第 1 版
印　　张	14.75　插页 2	**印　次** 2018 年 1 月第 3 次印刷
字　　数	205 000	**定　价** 55.00 元